李安平◎编著

把话说得婉转动听

国家一级出版社 中国纺织出版社 全国百佳图书出版单位

内 容 提 要

现代社会，人们越来越重视人际关系。从某种意义上来说，是否会说话，能否把话说得委婉动听，关系到人际关系的好坏。除了要真诚待人之外，我们还应该掌握语言交流的技巧，这样才能事半功倍。

本书以心理学知识为基础，从说话的方式方法和技巧出发，结合现实生活，帮助读者朋友们养成良好的说话习惯，从而使人际关系更加和谐。

图书在版编目（CIP）数据

把话说得婉转动听 / 李安平编著. —北京：中国纺织出版社，2017.8（2025.3重印）
ISBN 978-7-5180-3762-9

Ⅰ.①把… Ⅱ.①李… Ⅲ.①口才学 Ⅳ.①H019

中国版本图书馆CIP数据核字（2017）第162315号

责任编辑：闫　星　　　　责任印制：储志伟

中国纺织出版社出版发行
地址：北京市朝阳区百子湾东里A407号楼　邮政编码：100124
销售电话：010—67004422　传真：010—87155801
http：//www.c-textilep.com
E-mail：faxing@c-textilep.com
中国纺织出版社天猫旗舰店
官方微博http://weibo.com/2119887771
三河市金兆印刷装订有限公司印刷　各地新华书店经销
2017年8月第1版　2025年3月第9次印刷
开本：710×1000　1/16　印张：14
字数：210千字　定价：69.80元

前言

语言，是人与人交流的媒介。人们在日常生活中，几乎都依靠口头语言来表达自己的想法、意见和观点，从而帮助自己实现与他人的无障碍沟通。由此可见，语言在人际关系中起到多么重要的作用。对此，我们应该更加重视语言在人际关系中至关重要的地位，从而着重提升自己的语言能力，帮助自己搞好人际关系，使人生和事业都更加顺遂。

也许是因为现代社会生活压力越来越大，人们彼此之间的关系日益冷漠。现代社会，人们彼此之间动辄恶言相向，根本不懂得彼此尊重，委婉说话。也因此导致人际关系越来越紧张，人们之间的沟通不到位，直接导致彼此之间不够和谐，也影响社会的安定、稳定和团结。作为一个理性的现代人，我们无论有多么远大的理想，也不论有多么伟大的志向，首先应该提高自己的语言沟通能力，才能在人际交往之中如鱼得水，游刃有余。

在与他人交流时，要想做到淡定从容，不骄不躁，首先应该提升自己的修为。常言道，语言是人的另一张名片。与有形的名片相比，无论名片上的头衔多么高，都无法真真切切地给人留下好印象。俗话说：路遥知马力，日久见人心。唯有在人际交往中，只有语言彰显自己的人格魅力，我们才能真正地给人留下好印象。很多东西都可以伪装，语言却是不能伪装的。它代表的是我们真正的素质、涵养和修为。当然，除了自身因素之外，要想委婉地表达自己的意思，起到与他人融洽沟通的目的，还应该讲究交流的方式和技巧。这些方式和技巧，不同于别有用心，而是尽可能地让语言起到事半功倍的作用。

尤其是在现代职场上，语言的作用更加不可小觑。众所周知，职场的关系是非常微妙的。从简单的角度来说，大家彼此之间就是同事关系。从复杂的角度来说，同事之间有性情相投的，有彼此看不惯的，也有相互拆台的，还有小肚鸡肠的……总而言之，因为同事之间纵横交错着各种利害关系，因此非常微妙。必须用心平衡，努力维护，同事关系才能保持良好的态势发展。这也就更加要求我们灵活运用语言，不要因为一时的争强好胜，为自己树立敌人。多个朋友多条路，人在职场也是如此。只有多多结交朋友，我们才能让自己的道路越来越拓宽，让我们的人生越来越精彩！

朋友们，从现在开始，把话说得委婉动听吧！只要坚持不懈，你一定会有意外的惊喜！

编者著

2016年5月

目录

第1章　说话委婉动听：舌头是把软刀子，小心使用勿伤人

人的身体上最柔软的部分是哪里？有人说是心，实际上是舌头。古人云，巧舌如簧，说的就是这个道理。舌头的作用却不可小觑。尤其是现代社会，人际关系上升到前所未有的高度，要想表达自己或者与人沟通，除了倾听，最重要的就是语言表达。常言道，良药苦口利于病，忠言逆耳利于行。话虽如此，依然有人因为说话过于直接或不讲究方式方法，在无形中得罪了人。由此可见，舌头是把不折不扣的软刀子，必须小心谨慎，才能物尽其用。

有修养的人说话委婉动听

现代社会，要想维持和拓展人际交往，就必须学会运用语言的技巧。很多时候，我们会发现，那些没有接受过良好教育或者缺乏教养的人，往往说话非常直接。有的时候，我们把这种说话不拐弯的现象委婉地称为朴实。然而，在高度文明的大都市中，如果你是一名职场人士，那么当你依然这么口无遮拦地畅所欲言时，你的人际关系一定会频频亮起红灯，甚至让你无法招架。要知道，说话委婉是尊重他人的起码表现，只有主子对奴隶才会颐指气使，毫不掩饰自己的情绪。相对而言，委婉具有非常神奇的效果，能够让原本彼此生疏的人之间，瞬间变得亲密。当然，适度的委婉也使得谈话双方更加放松，更容易以开诚布公的态度对待对方，也使得交谈氛围更愉悦，谈话也更加顺畅地深入下去。很多人际关系学大师都一致认为，有修养的人更善于委婉地表达自己的想法，说出去的话让他人更乐意接受。

作为一种语言艺术，委婉的话更动听、悦耳。和毫不掩饰地开门见山相比，委婉含蓄的语言方式往往体现了说话者深刻的思想内涵，是一种显而易见的语言修养。现代社会，因为人际关系越来越复杂，所以语言暴力等现象时有发生。也许有人会说，被责骂两句怎么了，又没有什么伤害。的确，语言并不能使人身体上受到任何损伤，但是却会深深地伤害他人的心灵。要知道，当一个人被语言这把软刀子毫不留情地伤害过，他的心里就会对说话的

对方产生很强烈的抵触心理，也就很难再继续愉快地聊天了。举个最简单的例子，当你进入一家服装店，想要试穿一件心仪已久的衣服，这时，销售员突然毫不掩饰地说："你的身材比较胖，根本不适合穿这种体现身体曲线的衣服。"这样直截了当的表达方式虽然一语中的，却一定会让你瞬间兴味索然，根本不想继续在这家店里待下去。这时，即使销售员推荐的衣服再怎么合适，只怕你也没有兴趣试穿了。假如换一种方式，销售人员说："您好，女士。我觉得您气质高雅，很适合穿这种大气的衣服，显得您更高贵。"虽然店员举着一件宽松如大袍子的衣服，想必你也不会心生不悦，而是赶紧表示谢意："哪里，哪里！"说着，你甚至还会接过衣服，乖乖地去试穿。这两种表达方式是截然不同的。第一种方式简明扼要，一针见血，却让顾客无法接受，甚至愤然离去。第二种方式显然更加委婉，而且还暗示顾客选择适合自己风格的衣服，让顾客在接受建议的同时心花怒放。现代社会，有很多消费已经不仅仅是针对商品本身，而把消费体验上升到第一位。因此，毫无疑问我们应该学习第二种委婉的方式表达自己，也愉悦他人。

尤其是在劝说他人的时候，如果你不确定自己的劝说能否收到预期的效果，不如采取委婉的表达方式。这样一来，你既顾全了颜面，也照顾到他人的自尊心，因而更容易得到肯定的答复，得到你想要的认同。从现在开始，成为一个充满智慧的人吧，你一定会发现委婉表达的更多美妙之处！

打人不打脸，骂人不揭短

民间有句俗话，打人不打脸，骂人不揭短。记得在20世纪七八十年代，那个时候大家还习惯于从事安稳的工作，大部分厂子里都有职工宿舍。大家白天在一起上班，晚上在一幢楼里睡觉，几乎每家每户如果有点事，很快就会在厂子里传开了。正是在这样的生活背景下，人们几乎没有隐私权，说得夸张一点儿，薄纸皮一样的墙，连隔壁放个响屁都能听到。如此一来，难免经常发生矛盾，而且都是东家长西家短的矛盾，全是些鸡毛蒜皮的小事。当火气冲到脑门上的时候，人们就会口不择言，恨不得把自己的话变成刀子，一下子扎到对方的心尖上。这时，闻讯赶来劝架的邻居们往往都会说，打人不打脸，骂人不揭短。每当这样的一句话说出来，似乎有种神奇的作用，当事人只要没被对方气疯，一定会马上恢复一些理智，不再口不择言。由此可见，即使在盛怒之下，他们也还是知道“打人打脸、骂人揭短”的恶劣后果。

在几千年的历史沉淀中，百姓们总结出很多形象生动的生活真谛。诸如，人活一张脸，树活一张皮。由此可见，脸皮对人是至关重要的。所谓骂人不揭短，其实也是为了给人留下颜面。很久以前，古人就非常注重尊严。的确，要想作为一个人屹立于世，就一定要维护自己的颜面和尊严。现代社会，虽然言论自由，人们有权利表达自己的任何想法和意见，然而，人际交往依然是有底线的。无论多么生气，只要不想彻底绝交，或者即便想彻底绝交，也没有必要打脸、揭短，把他人逼到绝境之中。否则，一旦你怒气消散，想要回头是岸时，已经没有机会了。很多时候，我们尊重他人，就是尊重自己。所以如今有很多心态失衡、脾气暴躁的人，口下留情，在给别人留脸面的同时，也能有效保护自身，避免逞一时口舌之快，却遭了意外之灾。

很多时候，我们的确因为一些事情被他人气得七窍生烟。然而，人非圣贤，孰能无过。只要是人，只要活在人世间，就总会有些这样或者那样的错误。真正毫无缺点、处处完美的人，是根本不存在的，一定是神仙。想明白这一点，我们就无须过于计较。生活，原本就是充满漏洞的系统。我们，则像是计算机的编程人员。必须努力地寻找漏洞，弥补缺憾，才能更好地欣赏自己和他人。我们应该时刻反思自己，不要随意评论他人，更不要谈论他人的隐私，也不要让别人无地自容。否则，结局的惨烈一定会超出你的想象，而且也让你无法应对。

老大和老二的房子是挨在一起的，共用一面墙。有段时间，老大和老二

白天都出去打工，只有晚上才回来。有一天，老大媳妇因为一件小事，和老二媳妇吵了起来。两个女人吵得天翻地覆，老大媳妇居然冒出一句混账话："你这个婊子，四处勾搭男人，居然还敢和我吵！"听到嫡亲的嫂子这么说自己，老二媳妇羞愧得无地自容。

原来，老二媳妇在结婚没多久，曾经私下和年轻时的初恋相会过。为此，老二没少和她吵架。现在，这件事情都过去好几年了，大嫂却在妯娌间争吵时说出来，令她简直悲痛欲绝。老二下工回来刚刚进家门，老二媳妇就寻死觅活地哭开了。原本，这件事情已经过去了，却因为揭开旧疤痕，让老二也觉得很难堪。归根结底，他现在和媳妇是一家人，日子还得过下去。一时冲动之下，老二拎着菜刀来到老大家，二话没说，进屋就把手放在老大家的餐桌上，手起刀落，剁掉了自己的小拇指。

虽然送医院还算及时，但是当时县城的医院根本不具备接断指的技术。如果去省城的医院，不但相隔六七百里路，费用更是高达一万多元。思来想去，老二放弃接断指，一辈子就带着缺少一根手指的缺憾活着。

在农村，妯娌间吵架原本也是常事，这件不值一提的小事最终闹得尽人皆知，还让老二自断了一根手指，归根结底，都是因为老大媳妇不合时宜的话。如果她当时能够想想"打人不打脸，骂人不揭短"的这句劝诫，也许就不会脱口而出地说出那么伤人的话了。

人生在世，原本活着就很艰难。每个人都有自己过往的历史，或者光彩辉煌，或者不值一提，或者还有着不为人知的心酸。我们不但要接受自己的缺憾，也要学会宽容、理解和体谅他人。面对别人刻意想要遗忘的过去，如果当事人自己不提起，旁人最好保持沉默，三缄其口。很多时候，说话不加选择，说出最具杀伤力的话的人，往往心理也是非常阴暗的。虽然他们的话给别人造成了伤害，他们所不知道的是，他们自己也因为这些话暴露了阴暗面，也许得不偿失。古人云，三人成虎。如果因为你逞一时的口舌之快，导致谣言大肆传播，最终甚至伤害当事人的性命，那不得不说是罪过大焉。

总而言之，不管在什么场合，也无论自己多么生气，都不要揭开别人的伤疤，暴露别人不想为他人知道的过往。要知道，宽容别人也就是宽容自己，当你故意“哪壶不开提哪壶”时，你无形中就为自己树立了一个敌人，最终必将为自己的口无遮拦付出惨重的代价。做医生要有医德，做老师要有师德，做人一定要有口德。口下积德，善莫大焉！

尊重别人，就是尊重自己

生活中，几乎每个人都想要得到他人的尊重。这是因为，每个人都有自尊，都希望自己能够体体面面地活着，面对世界。即使是处于社会生活最底层的乞丐，在乞讨时也希望得到应有的尊重，这样他们才能觉得自己并没有失掉做人的尊严。虽然在马斯洛需求层次理论中，尊重被排在较高的层次，然而，每个人切切实实地都希望在保证生存所需之余，同时拥有尊严和体面。那么，你在渴求得到尊重的同时，是否首先给予他人尊重了呢？这里就不得不提到一个很矛盾的现象，即有些人虽然渴望得到他人的尊重，但是不能主动给予他人应有的尊重。如此一来，生活岂不是陷入了可笑的不平衡之中了吗？世界上的万事万物，都有其自身的规律，人际关系也是如此。唯有保持这种平衡，我们才能更从容地面对人群，实现最本真的自我，找到最纯粹的幸福。

说起来，尊重只有简简单单的两个字。然而，这两个字却蕴含着深厚的情谊。无论地位是高贵还是卑贱，唯有尊重，能让社会各个阶层的人们感受到切实的平等。不知道你们是否留意街边的乞丐，当你施舍他时也给予了友善的微笑，他一定非常高兴，甚至比讨到了很大的施舍之物更高兴。这就是尊重的力量。

很多细心的人会发现，对于生活中那些自暴自弃的人，批评和指责往

往使他们更加沉沦。然而，如果你能够给予他足够的尊重，给予他自主的权利，那么，他反而会宛如新生，努力地生活。这也是尊重的力量。既然尊重的力量如此神奇，既然每个人都想得到尊重，那么，你完全可以先给予别人尊重，然后再自然而然地得到他人的尊重。正如古人所云，己所不欲，勿施于人。同样的道理，自所欲，也应该先施于人。当你给予别人应有的尊重，以友善之心对待他人，他人自然也会以同样的尊重回馈于你。尊重体现在哪里呢？尊重体现在你的笑容，你的态度，也体现在你的言辞之间。一个真正懂得尊重他人的人，从来不会毫无缘由地对人大喊大叫，也不会不顾及他人的感受而颐指气使。当你学会温言细语，当你学会耐心地劝说和讲解，你就懂得了什么叫作尊重。

夏日的某一天，丁某开车带着妻子和小姨子去郊外游玩。然而，在快到达目的地时，他因为拐弯时不注意，剐蹭到一名骑电动车的老乡。停车下来检查时，与丁某同行的小姨子态度非常恶劣，不但没有首先查看老乡的伤势，反倒反咬一口，指责老乡不长眼睛。这样的态度和言辞，让围观的人们都群起而攻之，甚至自发组织起来围困住丁某一行，阻止他们离开。

后来，警察赶到现场，了解了事情发生的原委。毫无疑问，丁某负全部责任。这时，闻讯赶来的老乡家人，看到丁某的小姨子出言不逊，开始与之争吵起来。因为气氛非常紧张，斗殴一触即发，考虑到丁某一行三人势单力薄，警察不得不先下手为强，把当事双方请进了派出所。等到双方冷静下来后，警察展开说服教育。这时，老乡说："本来，我并没有想把动静搞得这么大。但是，车上的女子一下车就出言不逊，还非得逼我承认是我的责任。我当然'不争馒头争口气'，只得请出你们来主持公道。原本，我这点儿小伤去医院拍个片子就可以了，但是，她既然蛮不讲理，我就要为自己争取权利。我要求他们带我去医院检查，还要负担我的误工费等等。"后来，在警察的协商下，丁某小姨子郑重其事地给老乡赔礼道歉，这才赔偿了检查费用，得以脱身。

原本是一次非常快乐的出行，小的剐蹭也并没有造成太大影响，却因为丁某小姨子的出言不逊，导致这件意外事故愈演愈烈，最终经动警察，折腾了一整天才宣告结束。如果不是警察及时赶到，丁某一行说不定会被愤怒的老乡们教训一顿。毕竟，不管是城里人还是农村人，都应该讲道理，应该以诚为本。当自以为是的丁某小姨子先发制人时，她无形中已经处于了劣势。

生活中，没有谁比谁更高贵，所以唯有在尊严面前，人人平等。世界这么大，人们就像是各不相同的树叶，每个人都有自己的性情和习惯。当人群中发生摩擦和碰撞时，千万不要因为一时冲动而口不择言。要知道，说出去的话就像泼出去的水，即使想收回，也有心无力。既然如此，为何不在话脱口而出之前，认真地想一想哪些话是该说的，哪些话是不该说的。只有管好自己的嘴巴，说出让人听起来入耳的话，事情才能得到更好的解决。

条条大路通罗马

在古老的意大利，有一个小小的城邦，叫古罗马。古罗马的经济非常发达，修建的道路四通八达，不管从哪条路一路前行，都能到达古罗马的中心城市。这些道路对古罗马的繁荣和发展做出了贡献，后来，人们就以“条条大路通罗马”来形容事情有很多解决的办法，并非只有一条路可走。这就像是每一条河流，在最终都要归入大海一样。所谓海纳百川，有容乃大，也是这个道理。每个人的一生之中，难免会遇到各种各样的人，也会经历坎坷或者平坦的境遇。不管遇到何种情况，都应该坚信事情总有解决的办法。当然，我们本节要讨论的是语言的魅力。作为人类交流的主要方式之一，语言承担着重要的传递信息的重任。常言道，一句话百种说法。这句话丝毫不夸张，同样的意思，不同的人总能想出不同的方式将其表达出来。即使是同一个人表达同一个意思，也应该根据当时的具体情况，选择最恰如其分的方式。

很多女孩子都喜欢在节庆假日去商场血拼。因为每到节假日，商场里总会推出各种各样的促销活动，让顾客们只需要花更少的钱，就能买到心仪已久的商品。促销的方式也是多种多样，例如买一送一，买一得二，满减等。聪明人会知道，商家永远不会做赔本的买卖。很多时候，他们所谓的打折，甚至低到一折，也是不会亏本赚吆喝的。那么，其中的猫腻到底在哪里呢？真相是商家早已在打折之前调高了价格，以保证即便打折，也和之前的卖价差得不多。这样一来，稳赚不赔的还是商家。其实，这样迂回曲折以退为进的道理不但适用于商家，也同样适用于我们的语言艺术。曾经有个老人饲养了好几只猴子，他带着猴子们四处游走表演，讨生活。后来，随着天气渐渐转凉，生意越来越惨淡，老人渐渐入不敷出。他和猴子们商量："现在生意不好了，原本你们每个都在上午吃四个板栗，下午吃四个板栗，以后就改成下午吃三个板栗吧！"猴子们窃窃私语，很快就发起了抗议："上午没有表演，吃四个板栗。下午还有演出，为什么只能吃三个板栗呢？"老人思来想去，说："要不这样吧，咱们上午吃三个板栗，下午要表演，多吃一个，吃四个板栗。"听到老人的话，猴子们全都高兴得欢呼雀跃。虽然猴子的智商和人没法相比，但是从中不难看出，表达方式的不同，会带来截然不同的效果。既然如此，我们理所应当努力想办法，用最好的表达方式来协商问题。

闹闹是一名小学四年级的学生。近来，妈妈为了培养他的才艺，替他报名参加了钢琴培训班。虽然闹闹之前还对钢琴有些兴趣，如今却因为妈妈总是逼着他练琴，对练习钢琴产生了逆反心理。无奈之下，妈妈只好搞一言堂，为闹闹规定好了练琴时间：每天两小时。

知道妈妈的决定后，闹闹特别抵触。的确，他每天放学回家写完作业，吃完饭，都已经七点多了。再练习两个小时钢琴的话，就只能洗洗睡觉了，没有任何娱乐时间。为此，他硬着头皮和妈妈讨价还价："妈妈，我能不能只练习一个小时呢？我还想看会儿动画片或者课外书呢！"看到闹闹恳切的表情，妈妈迟疑着说："练习一个小时也不是不可以。但是，我担心你不能专心致志。"闹闹听到妈妈的话里还有商量的余地，赶紧表态："我可以专

心致志，我保证专心致志。”就这样，妈妈答应了闹闹的请求，闹闹呢，也很感激妈妈的理解和体谅。

不得不说，闹闹妈妈是非常了解闹闹，也是非常聪明的。实际上，妈妈当然知道如果练琴两个小时，闹闹就没有任何课外时间了。然而，如果她直接提出练琴一个小时，闹闹肯定会奢望只练琴半个小时。现在这样的局面，恰恰是妈妈最想看到的：闹闹每天专心致志练琴一个小时。如此皆大欢喜的结果，对闹闹也是非常好的肯定和鼓励。

朋友们，闹闹妈妈的这点儿小计谋，你们看明白了吗？其实，这个计谋不但可以用来对付闹闹这样的小朋友，偶尔也可以用在大人身上哦！不过，千万要注意别被识破，否则就会失效啦！如果你恰巧也想和身边的某个人讨价还价，不如也学习闹闹妈妈，以退为进吧！只要能够轻松愉快地交流，达到自己预期的目的，而且让双方都觉得很高兴，何乐而不为呢！

开玩笑一定要适度

职场生活就像是我们的人生，时而风平浪静，让人难免觉得有些乏味；时而紧张激动，让人的心悬在嗓子眼里。不管是出于哪种情况，单纯的职场生活都显得有些枯燥。作为职场一员的你，一定也曾经在办公室里开玩笑吧。这样一来，不但能放松紧张的心情，也能调节办公室的气氛，一举两得。不过，需要注意的是，同事之间的关系非常微妙，既不同于亲人间的毫无隔阂，也不同于爱人间的相看两不厌，更不同于朋友间的随心所欲。同事之间的关系，说好就好，说散就散，可以说是朋友，也可以说是过客。既然如此，开玩笑当然也不能随便率性行事，而应该有所把握，掌握好度。经常混职场的人一定知道，很多原本要好的同事，也许就因为一个玩笑从此反目成仇，老死不相往来。大家都是在外面为梦想打拼的，想必谁也不愿意平白

无故地得罪别人吧！既然如此，一定要管好自己的嘴，开玩笑要动脑子，更要用心！

开玩笑时，千万不要过分。过分的玩笑，不仅让当事人气愤，也让在场的人尴尬，开了不如不开。开玩笑可以就地取材，但是无伤大雅。不要拿别人的短处开玩笑，这样是对他人的不尊重，而尊重是人与人之间友好相处的基本前提。还有些人喜欢说些自以为好笑的笑话，结果说完之后，却发现全场除了他自己，没有任何人笑。这样的笑话，不说也罢。还有些新入职场的菜鸟，拎不清轻重，居然把玩笑开到领导头上，这可是太岁头上动土，弄不好要走人的。当然，开玩笑还有很多细节需要注意。如果你天生是个幽默感不强又神经大条的人，为了配合他人，在他人开玩笑时充当那个笑得最投入的人，也没有什么不好。

如果是在生活中开玩笑，面对自己的亲人朋友同学爱人等，还相对好些。毕竟，他们都是爱你的人，会宽容你只是开了一个玩笑。如果是在职场上呢，除了上述的禁忌之外，还应该注意场合。当然不是所有场合都适合开玩笑的，不合时宜的玩笑也许还会招致大祸。在西方国家，人们很重视幽默感。曾经有位女士在寻找人生伴侣时，第一个条件就问对方是否有幽默感。在她看来，没有幽默感的人生伴侣是难以忍受的。虽然幽默感如此重要，因为开玩笑惹的祸依然屡见不鲜。即使是聪明睿智的国家领导人，也有因为过度玩笑而犯下的糗事曝光。

尽管时而开玩笑能够给我们的生活和工作带来轻松愉悦，但是随时随地地开玩笑，是绝对不可取的。一旦因为开玩笑过火而引起他人反感，未来你们的友谊就很难再上一个台阶了。举个最简单的例子，玩笑就是我们炒菜用的盐，放得适当能增加菜肴的鲜美，但是如果放得过多，导致菜肴太咸，那么吃的人就难以下咽了。只有在正确的时间，选择正确的地点，面对正确的对象，开的玩笑才会成为名副其实的人际关系的“润滑剂”。

在工作时间内，开玩笑更要简短精练。相信没有哪个领导，愿意聘用一个在工作时间内满嘴跑火车的人，最重要的是，这个人还搅得办公室里人

心惶惶，导致大家全都无心工作。此外，还需要注意的是，玩笑就是玩笑。往往有些人自以为聪明，总是以玩笑为伪装，肆意挖苦讽刺他人。要知道，能在职场上混的肯定没有傻子，而对方之所以一而再再而三地让着你，只是因为他的善良。当自以为聪明的你被他揪住小辫子时，你一定会死得很难看。好啦，玩笑这么轻松的话题，不应该说得如此沉重。那么，就让我们以一句尽人皆知的话结束这一节的讨论吧：笑到最后的人，才是笑得最好最美的人！

别当职场“大嘴巴”

现代社会，生存压力越来越大。很多职场人士在高压之下，变得牢骚满腹，早已失去了潜心做事的动力。他们就像祥林嫂一样，逢人就说，见人就倾诉。这样的职场人士，无疑已经成为职场中负能量的来源，是任何一个单位都不想留的人。尤其是需要加班时，很少有人能心甘情愿。然而，抱怨并不能帮助他们改变现状。其实，与其抱怨，不如想一想如何改变现状。从某种意义上来说，抱怨既是对老板的宣战，也是对自己的出卖。既然不想换工作，或者还没有想好怎么办，为何不先冷静下来呢？负面情绪的逐渐积累，只会让职场生活变得更加艰难痛苦。

职场中还有另一种“大嘴巴”，比抱怨更加可怕。如果是抱怨出卖的是自己，那么这种“大嘴巴”则会给他人带来无尽的烦恼。无论生活在哪一个角落，总是不乏好事之人。他们时刻瞪大眼睛盯着别人，生怕错过任何新闻。他们还很喜欢散布流言蜚语，每天忙着搜集小道消息，然后再把它们散播出去。古人云，谣言止于智者。毫无疑问，这样的人不是智者，而是蠢货。在诉说别人的长短时，他们眉飞色舞，添油加醋，一副不怕把事闹大的样子。实际上，在给别人带来无尽困扰的同时，他们自身也成为了受害者。

要知道，世界上绝对没有不透风的墙。你今天说的话，也许不知道哪一天就被传到了当事者的口中。而且，作为谣言传播的重要环节，你自然难辞其咎，在这种情况下，如果当事人对你怀恨在心，自然不会有你的好果子吃了。很多人在职场上各个方面的表现都不错，不仅始终得不到晋升，而且也得不到领导的器重，这是为什么呢？因为人品，因为“大嘴巴”，因为不够严谨，这些细节都会影响一个人的职业命运。遗憾的是，很多人至今依然没有意识到这个问题的严重性。

亚楠刚刚大学毕业，在一家广告公司工作。一个周末，她逛街的时候偶然看到领导正在陪同一位公司的女性客户逛商场，马上展开无边无际的想象力，在脑海中将前后情节恶补了一番。也许是日子过得实在太悠闲吧，不等到周一上班，亚楠就打电话把这件事告诉了公司里最要好的同事彤彤。尽管亚楠千叮咛万嘱咐，让彤彤不要声张此事，然而，周一来到公司打卡时，亚楠才意识到一切都有些异样。

没过一个星期，亚楠就收到了领导的电子辞退函。在这封辞退函的结尾处，领导说：“小姑娘，你的社会经验还太少。虽然你很善良，但是以后千万不要再成为躺着中枪的人。你所信任的人，也和你一样把很多事情告诉她所信任的人，就这样，谣言一传十，十传百。不但对当事人造成困扰，也破坏了公司良好的工作氛围。记住，谣言止于智者。”即使再傻，亚楠也知道发生了什么事情。然而，她有苦难言，只得乖乖收拾东西走人。直到几个月之后，她才找到新工作，这次“大嘴巴”给她的教训无疑是惨痛的。

作为一个刚刚毕业的大学生，亚楠显然缺乏自我保护意识。她原本以为只是简单的朋友间的分享，却没想到一夜之间，彤彤就使她变成了那个散布谣言的始作俑者。我们可以想象，在未来的职业生涯中，亚楠一定不会再犯这么低级的错误。

人是群居动物，每个人都有社会属性。然而，人又是极具个性的，每个人都有自己对生活和工作的追求。不管什么时候，我们关注的重心都应该是自身，对于他人的事情，我们可以看看听听，但是最好不要随意发表评论。

尤其是在现代的网络社会，很多爆炸性的新闻几乎在几分钟时间就可以传遍整个网络，这就是为什么网络主管单位要限制人肉搜索的原因。毕竟，人与人之间无法赤诚相见，只有距离才能产生美感，也才能保持长远。那么，在职场之中，如果你遇到“大嘴巴”，又不好意思拒绝他的喋喋不休时，最好的办法就是视而不见，听而不闻。只有彻底忘记这些无关紧要又很容易兴风作浪的花边新闻，你的生活才能多些平静，少些波折。

关于是非长短，古人曾经留下谏言：“来说是非者，即是是非人。”这句话的意思是，聪明的人肯定知道，那些传播是是非非的人，本身就是多事之人，不可信，也不足取。如果你的“大嘴巴”不幸遇到了这样的智者，岂不是偷鸡不成反蚀把米吗？真真是赔了夫人又折兵。舌头虽然只有三寸，却能掀起滔天巨浪。只有管好这三寸之舌，我们才能从容生活，坦然应对是是非非！

得理也要饶人，讲情分才能打动人心

自古以来，任何事情都逃不过一个“理”字。人们在做一切事情时，都会讲究“理”。那么，“理”是什么呢？是法律，是纲常，是道义，是辛勤的劳动人民在几千年来总结出来的生存智慧。就以法律为例。在法治社会的今天，人们不管是做人还是做事，往往以法律为约束，很少有人故意做违法乱纪的事情。正因为如此，社会生活才有秩序和安定可言。然而，民间还有一句话，叫法不外乎人情。这句话的意思是说，虽然法律铁面无情，但是依然要考虑情理的因素。从这句话不难看出，在老百姓心目中，符合情理甚至比单纯地遵守法律更重要。

生活中，很多人都因为占理，时时处处不饶人，总是想证明自己是对的，他人是错的。仔细想想，即使真的证明了你的正确和他人的错误，又有

什么意义呢？做事情时，我们一定要清楚认识自己的目标。要知道，你的终极目的不是争个对错输赢，而是为了让对方心服口服。既然这样，为何不在讲理的同时，主动退后一步呢？这样一来，既显得你高姿态，也能够打动对方，让其主动认识到自己的错误，努力改正。如此一举三得的好事情，何乐而不为呢？古人云，高一步立身，退一步处世。这句话是非常有道理的。人生一世，哪有人一帆风顺呢！尤其是与人相处时，难免会有些磕磕绊绊的不愉快。在这种情况下，与其偏执地讲理失去人心，不如大度地后退一步，以退为进。

壮壮大学毕业后，很想去大城市闯荡。虽然在省城读大学的他，已经被录取进入银行系统工作，但他还是想搏一搏。听说壮壮的想法后，爸爸妈妈都很担心。归根结底，他们只有壮壮一个儿子，不想让他走得太远。尤其是爸爸妈妈老年得子，壮壮大学毕业之际他们已经六十多岁了，很希望儿子能够留在他们身边多多照应。

刚开始时，爸爸非常生硬地对壮壮说："壮壮，养儿防老。我和你妈辛辛苦苦把你养大，不是让你不管我们的。总而言之，我们不同意。"看到爸爸的态度这么生硬，壮壮也产生了逆反心理。他说："你们养育我，难道就是为了剪掉我的翅膀吗？"壮壮的反驳不无道理，爸爸只好不再争执。看到爸爸做壮壮的思想工作的效果不好，妈妈打起了感情牌。妈妈说："壮壮，如果你坚持去大城市，我和你爸爸只能支持你。只是，我和你爸爸年纪都大了，我有高血压，你爸爸还有糖尿病。也怪我们，如果我们现在五十来岁，那么你尽可以到处飞。就是因不我们太老了，拖累你了。你去吧，我和你爸爸会相互照顾的。"听了妈妈的话，壮壮心里很难受。看着满头白发的妈妈，壮壮说："妈妈，我会慎重考虑的。"最终，壮壮选择留在了省城的银行工作。毕竟，银行的工作非常稳定，福利待遇也很好，这让他能够给予父母更安定快乐的晚年生活。

爸爸的话虽然有道理，但是这样明显的讨债的态度，让壮壮很难接受。很多时候，不是有理就能成功说服他人的。反而是妈妈，她和颜悦色地肯定

了壮壮的想法，又进行了自我的检讨，觉得自己拖累了孩子。这样温言细语地说下来，壮壮反而意识到自己身上的责任，也能够更慎重地考虑去留问题，最终做出了让父母满意的选择。

常言道，晓之以理，动之以情。对于理智的人，从道理上说通即可。对于感性的人，一味地讲道理则不如以情动人，打动他的心。现代社会，人际关系被提升到前所未有的高度。要想玩转职场，快乐生活，我们就必须提高情商，学会以情动人，以理待人。

第2章　说话点到为止：注意分寸，不把话说绝

每个人都有说话的权利，当然，每个人也都有义务对自己所说的话负责。古人云，祸从口出，这句话非常有道理。很多时候，一个人如果管不住自己的嘴巴，甚至有可能惹下弥天大祸。归根结底，人与人的交流必须依靠语言表达，倘若总是说话像刀子般直接扎入他人的心里，早晚会因此吃大亏。尤其是在现代社会，人们变得非常敏感，时常因为一些小事就情绪激动。这种情况下，说话更应该留有余地，点到为止，这样才能进退自如。

说话要留有余地才能回旋自如

生活中，经常有人说话时情绪激动，咬牙切齿，恨不得在话一出口的时候，就用严厉得不能再严厉的语气，将其刻在石头上。这样决绝的态度，这样咬牙切齿的嘴脸，导致不管说出多么中肯和合情合理的话，也很难让人接受。世上好心办坏事的例子并不鲜见，究其原因，就是因为人们在做事时没有留下回旋的余地，导致遇到突发情况时，只能继续硬着头皮往前走，根本不能退缩，或者做出其他更合理的选择。其实，不仅做事如此，说话也同样需要注意这一点。一旦把话说绝，当事人都无法磨开面子，就算想回旋也没有台阶下。从某种意义上来说，语言只是沟通的介质，并不是实质性的内容，何必在说话时过于较真儿和激动呢？！常言道，有理不在声高，当然，决心也无须用决绝的话表达出来。真正让人敬佩的是这种人，他们说话时总是温言细语，柔声细气，但是似乎有一种不怒自威的力量，让人不得不重视他们所说的每一句话，将其牢牢地记在心间。而且，你绝不可能从他们口中听到失去理智的话，甚至他们还会给你很多可能性供你选择，这就是不卑不亢，绵里藏针的语言智慧。在这样的语言智慧下，当事人可以非常从容地做出选择，根本无须担心自己的话会把自己或者他人逼入死角。

现代社会，很多人都脾气暴躁。也许是因为生存压力越来越大，也许是因为生活中的诸多不如意，总之，他们就像是工艺粗糙的炮仗，轻而易举

地就会被引爆。如果两个这样的年轻人遇到一起，争执也会随之而起。实际上，说话决绝有什么好处呢？不但是逼迫别人，也是逼迫自己，甚至还会把事情弄得更糟糕。真正聪明理智的人，会保持良好的心态，以最友好的方式和他人交流，这才是解决问题的根本办法。尤其是在职场上，很多人一旦工作上有了突出的表现，就会恃才傲物，不把所有人看在眼里。殊不知，人外有人，天外有天。只有摆正自己的位置，努力做好自己该做的事情，一如既往地尊重同事，你才能拥有更加平顺的职业生涯。

万事万物都处于发展和变化之中，在对待一切问题时，我们都应该以辩证唯物主义的眼光客观分析，再以发展的眼光随时保持调整的状态，这样才能尽量与时俱进。很多人喜欢墨守成规，即使做错了事情，也拒绝认错。还有些人则善于据理力争，一旦占据道理，就得理不饶人。这样的行为，都只会给我们带来伤害。俗话说得好，人是活的，树是死的。作为万物之灵的人，我们必须根据现实情况调整心态，把握人生。在这个世界上，任何奇迹都有可能发生，任何意外也有可能随时出现。我们必须灵活地运用语言，才能更好地协调人际关系，更融洽地与人交流。

为了研究说话的分寸，美国斯坦福大学的两位学者曾经专门展开了一项实验。在这个试验中，实验对象是若干家庭主妇，实验的目的则是研究如何留有余地地说话，才能让自己的请求不被拒绝。

他们首先打电话给约翰太太："您好，我是消费者协会。为了了解消费情况，我们想请教您几个问题，是关于家庭日常消耗品的。""好的，没问题。"约翰太太很容易就答应了。随后，他们提问了几个关于沐浴露和洗发液品牌的问题。过了几天之后，他们又打电话问约翰夫人："您好，我们前几天打过电话给您。为了调查更加深入，我们能否派出几个工作人员去您家里，亲自和您探讨关于家庭日用品消费的问题？"结果，约翰夫人只思考了几秒钟，就表示了欢迎。

为了对实验结果进行对比，他们才对其他家庭妇女进行了不同的实验。在这一组实验对象中，他们首先打电话给亨利夫人："您好，夫人，我是消

费者协会。为了了解情况，我们想派出几个工作人员去您家里了解情况，希望您能同意。” 不出所料，亨利夫人坚决表示拒绝。甚至在给其他实验对象打电话时，他们刚刚说了去家里了解情况的请求，电话就被挂断了。

接受陌生人来自己家里，这本来就是一个很容易遭到拒绝的请求。然而，两位学者先是采取了迂回曲折的方式，让事情留有余地。对于在电话里简单回答几句，人们还是更容易接受的。因而，第一种方式首先从心理上打开了约翰太太的心理防范之门，接下来几天之后才又提出不情之请。在第二个实验小组中，实验者一上来就提出了让人马上就会产生警惕心理的请求，因而很难通过。此外，在第一种方式中，大多数采取疑问的方式，征求被实验者的同意。在第二种方式中，则是以通知的方式，不给实验对象选择的空间。这样一来，自然更容易导致实验对象的反感。

不管什么时候，我们与人交流都应该留有余地，这样才能回旋自如。假如总是说起话来咄咄逼人，则很容易让人心生反感，自然也就难以得到对方的谅解了。

让自己拥有一张弘扬美的嘴巴

曾经有位名人说，世界上并不缺少美，只是缺少发现美的眼睛。那么，在发现美之后要做些什么呢？为了让世界更美好，我们应该拥有一张弘扬美的嘴巴，这样才能让美传遍世界。遗憾的是，现实情况恰恰相反，有些人的嘴巴天生就是唱反调的。他们总是用眼睛盯着别人的缺点，用嘴巴传扬别人的缺点，却从不反省自身是否完美得无可挑剔。实际上，世界上根本就没有完美的人。每个人都会有这样或者那样的缺点。与其总是看到别人的缺点，揪着别人的缺点四处说，不如多从积极的方面看问题，多发现别人的优点，多赞扬别人的优点。试想，如果每个人都在说别人不好的地方，那么我们生

存的环境能和谐融洽起来吗？相反，如果我们每个人都在发自内心地赞美他人的优点，那么人与人彼此之间一定会有更多的包容。

除此之外，我们还应该净化语言的环境。现实生活中，很多人都喜欢爆粗口，恶言恶语地说话。必须注意的是，好的语言环境是每个人都付出努力才能营造出来的。只有每个人都讲礼貌，才能树立新风气，让社会变得和谐起来。民间有句俗语，会说说得人笑，不会说说得人跳。这句话的意思是，同样的话，从不同的人嘴里，以不同的方式说出来，就会产生不同的效果。由此可见，会说话的人一定处处受欢迎，而不会说话的人，则可能是老鼠过街，人人喊打。很多时候，一句话就能改变命运，重写人生；一句话可以使仇人之间化干戈为玉帛，也能使亲人之间反目成仇。由此可见，成功也与是否会说话脱不了干系。要想在现代社会立足，就必须学会说话的技巧。

在职场上，人际关系对于职业生涯的影响非常深远。要想搞好人际关系，就必须会说话。当你会察言观色地和上司说话，体察上司的内心，你就能得到上司的器重；当你能够平等亲切地和同事交流，你就会拥有团结紧密的合作团队；当你与下属说话时依然和颜悦色，不卑不亢，却能清楚地表达自己的意思，下属才会发自内心地团结在你的周围。总而言之，会说话的你能把人际关系搞得非常好，让你的事业一帆风顺，马到成功。在生活中，会说话的人才能更好地与身边的人和谐相处。就算是追求一个喜爱的姑娘或者是男孩，也需要甜言蜜语，也需要用语言传情达意。从某种意义上来说，人与人的初次见面奠定了第一印象，接下来就要依靠语言的表达来推销自己。当然，直到你展示了自己的魅力，暂时吸引住对方，接下来你才有机会用事实证明自己。这就是会说话的重要性。

在办公室里，莉莉几乎是个最受欢迎的人。虽然她是今年刚刚进入公司的新人，但是她的嘴巴特别甜。张大姐常常开玩笑说，莉莉的嘴巴能生出花来。

有一次，张大姐的儿子放暑假，张大姐带着儿子一起来上班。莉莉看到之后，四处逢人就说：“哎呀，我们办公室里来了个小帅哥，不但人长得

帅，家教也特别好，一看就是有教养的父母养育出来的孩子呢！”虽然莉莉这话是对别人说的，但是话最终还是传到了张大姐耳朵里。听到莉莉这么夸赞自己的儿子，张大姐简直心花怒放。

还有一次，莉莉吃饭的时候和张大姐坐在一起。闲聊间，莉莉说：“张大姐，我特别佩服小曲。你知道吗，她懂得的特别多，但是她一点儿也不骄傲。而且，她很真诚，不会曲意奉承。虽然她有时候看起来有些冷冷的，但是她所有的表现都是真实的。我要向她学习。”张大姐含笑看着莉莉，说：“小丫头，在你眼里和嘴巴里，有谁不好呢？”莉莉不好意思地笑了，说：“我真觉得大家都很好，每个人都有很多优点。”渐渐地，办公室里的人还有其他同事，都知道莉莉是一个非常善良友好的人，全都乐意和她交朋友。

如果说眼睛是心灵的窗口，那么嘴巴则是心灵与外界的沟通管道。很多内向的人，即使心中激情澎湃，却依然不愿意表达自己，只能把满腹心事闷在心里。有些人则特别外向，他们总是愿意说出自己的所思所想，非常坦荡。莉莉呢，从她经常夸奖别人来看，她真的非常善良积极，充满乐观的精神。她的嘴巴弘扬了别人的美，也彰显了她高贵的内心。这样的人，如何不受欢迎呢？

韦唯在《爱的奉献》中唱道：“假如人人都献出一点爱，世界将会变成美好的人间……”我们也要唱道：“假如人人都多说一点儿美，世界将会变成美好的人间……”活着原本就很辛苦，为何不多给自己寻找快乐的机会呢？！从现在开始，努力起来吧！只要你愿意，你就会发现有很多美好值得你诉说！

很多话不必说得太透

常言道，良药苦口利于病，忠言逆耳利于行。古人留下的这句训诫，至

今让很多人误以为必须声色俱厉，才能说出对他人有帮助的话。然而，如果你帮助了别人，你声色俱厉的建议被别人接受了，但是你因此而得罪了这个人，让他再见到你时横眉怒目，恨不得躲着你走。这样的结果，未免让人感到遗憾。现代社会讲究情商，很多事情都可以以曲折迂回的方式解决，包括说话、包括训诫，也都可以以委婉的方式进行。既然如此，我们为何不能以容易让他人接受的方式，表达我们的劝诫，让他人乐于接受，还能在收益之后感谢我们呢？这样皆大欢喜的结局，岂不是更好。

常常看到有人在批评或者指责他人时，总是一遍又一遍不留情面的呵斥。这样的做法，无异于让对方丢尽脸面。即使是三岁孩子，也会觉得无地自容。最终的结果或者是引起逆反心理，或者是导致分道扬镳。事实上，说话也要分情况。有些人自尊心很强，内心也非常明白事理，如果他只是因为一时糊涂犯错误，那么最好的方式就是点到为止。如果有的人脸皮很厚，总是一而再再而三的犯错误，即使说了很多遍也不管用，那么就应该想想除了语言之外，还有什么其他的方式可用，以督促他恢复自尊和自信，更有尊严地活着。总而言之，就算对待小孩子，也不要一味地批评，毫不留分寸。很多话，根本没有必要说得那么透，点到为止就好。

古人常说，一字千金，字字珠玑。这些词语都是用来形容语言的宝贵。试想，如果一个话唠整日对着你唠叨，你还会把他的话当话听吗？你只会将其当作耳边风。相反，如果一个人平日里惜字如金，偶尔对你说几句点拨的话，你一定会凝神细听，还会认真反省自己，从而更好地改进自己。这样说话，才是真正的忠言不逆耳，才能到达目的。商朝末年，商纣王非常昏庸，整日沉溺酒色。为了国家，丞相比干冒死进谏。一次、两次、三次……最终，商纣王一气之下，将其处以剖心的死刑。这样的劝谏方式，尽管表现了比干的深明大义和视死如归，却死得不值。如果比干能够采取一种更合适的方式，不但能保全自己的性命，还能让商纣王采纳他的进谏，改变昏庸的作风。当然，比干已经死了数千年，这条经验和教训，只能留给后人享用啦。很多时候，把话说得太透，不给对方留颜面，反而会导致事与愿违的结果。

聪明人不会处处咄咄逼人，而是手下留情，让对方自我反省，自我提升。

在一家宽敞的戏院里，魔术师正在专心致志地表演。只见他拿起一件空荡荡的衣服，正反两面展示给台下的观众们看。突然出人意料，他从衣服里变出了一盆游来游去的金鱼。看到这样的情形，大家不由得掌声雷动。这时，坐在最靠近舞台位置的一个观众不屑一顾地说："这有什么稀奇的，他肯定是提前把金鱼藏进宽大的袖洞中的。"听到这句话的观众们纷纷议论，魔术师也听到了。

为了转移观众们的注意力，魔术师马上开始另一出魔术。他拿出两个一分为二的铃铛，准备变出一个完整的铃铛来。这时，刚才那个好事的观众又说："他肯定会提前藏好铃铛，我们看看他是如何拿出来的。"他这一说话不要紧，又引得周围的观众伸头探脑，忘记了欣赏魔术本身，只想找出魔术师的破绽。魔术师一边不动声色地继续表演，一边想出了一个办法惩罚这个不懂分寸的观众。

他完成这出魔术后，大声说："接下来，我要表演从国外流传近来的魔术，是国际领先的。"听到魔术师这么说，观众们纷纷热情高涨，无比期待。这时，魔术师指着前排的好事观众说："这位先生，能否借您的眼镜给我用用呢？"这个好事的观众还等着揭穿魔术师呢，因此不假思索地连连点头。魔术师又问："我准备把它踩碎，您同意吗？"好事的观众依然毫不迟疑地点头同意。这时，魔术师把眼镜放到脚底下踩碎了。接着，他又向这个观众要了手机、手表等，纷纷在征得观众同意后都砸碎。最后，他非常从容地给观众们鞠了一躬，说："谢谢大家的观看，演出到此结束。"直到此时，那位好事的观众才意识到自己被耍弄了，看着一地的碎片，想想自己已经同意了魔术师的所作所为，他欲哭无泪。

一切的魔术都只是障眼法而已，这一点很多人都明白。然而，大家依然热衷于观赏魔术表演，就是因为魔术的练习是台上一分钟，台下十年功，是一种技术，更是一种艺术。上述事例中这位好事的观众，自以为聪明，把话说得太透，影响了大家观赏魔术，也影响了魔术师的正常发挥，着实有些

过分。为此，魔术师想出了一个办法惩罚他。相信，再遇到这样类似的情况时，他一定不会再咄咄逼人，自以为是了。

很多事情，我们在做的时候都要留有余地。很多话，我们在说的时候，也要留有余地。因为很多人和事，一旦看透说透，就会让人兴味索然。真正聪明的人，会把话说得恰到好处，看破而不说破，才能给自己和别人都保留更大的空间。

你应该知道的语言禁区

早在几千年前，古人就告诫我们“言多必失”“祸从口出”。的确，人的舌头几乎是身体上最灵活的部位，只需要轻轻一动，如滔滔江水般的话就会喷薄而出。正因为说话是如此简单，因此很多人都特别爱说话。殊不知，当你不假思索说得多了，往往就会在不经意间出现失言的情况，被人抓住小辫子，如果是在古代陪伴在君主身侧，就很有可能因为一句话说错而掉了脑袋。当然，现代社会是发达开放、言论自由的社会，因为一句话掉脑袋的事情再也不会发生。然而，这并不意味着我们可以肆无忌惮地想说什么就说什么，反而由于社会的开放、网络的发达和信息传递的神速，我们更应该谨言慎行，不要触碰那些语言的禁区。

具体来说语言的禁区，并不能做出详细的陈述。归根结底，中国文化博大精深，有着上下几千年的悠久历史。而且，中国的汉字是表意文字，内涵丰富。由此一来，要提到语言的禁区，就必须结合某个特定时间段和当时的事件背景，还要根据当事人的身份等相关因素，才能确定应该注意些什么。简单举例来说，同样一个玩笑，和同辈的朋友开也许毫无问题，但是如果和年迈的老人开则会引起对方的勃然大怒。同样的话，和健康的人说全无问题，但是如果和久病不愈或者是大病初愈的老人说，就显得不合时宜，甚至

会在不知不觉间得罪人。这就是语言的微妙之处，必须用心琢磨和品味，才能寻找最适宜的语言进行交流和沟通。

浩洋和雪梅已经谈恋爱好几年了，属于马拉松式的，至今没有结婚。其实，并非浩洋不想结婚，而是雪梅的父母因为浩洋家是农村的，一直反对他们的婚事。也许是老天爷故意安排了一个机会给浩洋表现自己吧，雪梅的爸爸吴伯伯突然因为脑溢血，住进了医院。这种病在治疗前期，要绝对地卧床静养。雪梅和妈妈都是娇小型的，根本搬不动爸爸沉重的身体。请护工吧，一则花费太高，二则吴伯伯总是对护工挑三拣四，不管护工怎么做他都不满意。眼看着冲锋陷阵的机会就在眼前，浩洋怎么可能放过呢！很快，浩洋就和主管请了十天假期，自告奋勇地陪护吴伯伯度过这最艰难也最关键的前十天的恢复期。

浩洋很勤快，每天都给吴伯伯擦洗身体，同一病房的病友们，都以为浩洋是吴伯伯的儿子呢！当得知浩洋是准女婿时，大家不由得啧啧称赞，羡慕吴伯伯找了个好女婿。十天的陪护之后，浩洋活生生地掉了十斤肉，人也憔悴了许多。但是吴伯伯却心情舒畅，病情很快好转，也长胖了一些。雪梅趁机对父母说："看看，幸亏咱家还有浩洋这个男子汉，不然真不知该怎么办呢！"此后的一个多月里，浩洋一边工作，一边抽空来医院陪护吴伯伯，还给吴伯伯做了很多好吃的。转眼之间，吴伯伯出院了，生活基本已经能够自理。为了庆祝，浩洋去高档饭店订了一个包间。

席间，在座的亲戚朋友都非常高兴，雪梅的父母也终于同意了他们的婚事。考虑到吴伯伯刚刚恢复，不能喝酒，浩洋便让服务员送一碗米饭过来。看到浩洋接过服务员手中的米饭，雪梅姑姑问："咦，酒还没喝，怎么就要吃饭了呢？"浩洋笑笑说："我不吃，是伯伯要饭。"酒过三巡，浩洋有点儿喝多了。他醉眼昏花，恍惚中看到吴伯伯的座位下有一串钥匙，便口齿不清地说："伯伯，您钥匙掉了。"说完，他低下头捡起钥匙，却发现是自己的钥匙，便一声不吭地把钥匙放进口袋里。

原本，浩洋以为这次全家人一起聚餐，他和雪梅的婚事一定板上钉钉

了。谁承想，雪梅第二天哭着打电话给她，说父母坚决不同意他们的亲事，雪梅爸爸还说浩洋说话太损，咒他快死。这时的浩洋，真是哑巴吃黄连，有苦说不出啊！

浩洋的经历，证实了一个真理：祸从口出。原本很高兴的事情，就因为他说话时不注意方式，导致雪梅爸爸又开始坚决反对他们的婚事。对于刚刚躲过一劫，死里逃生的雪梅爸爸，他又含糊其辞地说“钥匙掉了（要死掉了）”，这绝对是老人的禁忌。就这样，到手的媳妇因为他说话的缺陷，又飞走了，不得不说是莫大的遗憾。

一个人有很多外在的表现，诸如相貌、妆容、服饰等，其中，语言也是人的一张名片，能够表现出人内涵的高低。要想与人愉快地交流，我们必须在交谈之前先了解对方的相关情况和当下的状况，这样才能避免在说话时触碰到他人的禁区，导致大家不欢而散。有的人特别喜欢表现自己的博学多才，实际上就是个半吊子。还有的人看起来默默无闻，其实非常有涵养，从来不说无用的或者起到反作用的话。既然选择了与人交流，就一定要多多用心，让交谈更加愉悦。

隐私，是你不能触碰的

现代社会的人，除了睡觉之外，几乎一半的生命都是在办公室度过的。由此不难看出，办公室成为人生命中一个至关重要的场合。我们在办公室里奋力打拼，为社会创造价值，也为了给家庭添砖加瓦而努力，还在办公室里偶尔闲聊，提升自己八卦的功力。对于工作繁忙之后的休闲，拿明星的私事侃侃大山，也不为过。但是，如果你没有管好自己的嘴巴，拿左邻右舍，甚至是坐在你左右两侧的同事的私事当茶余饭后的谈资，后果则不堪设想。

办公室里，有很多话题都可以讨论，如明星娱乐、国际大事等，或者

哪家超市打折，哪个商场甩货，唯独不能触碰的就是同事的隐私。隐私，不管在什么场合，都是一个非常敏感的话题。然而，面对工作中的伙伴、上级或者下级，还是不要涉及隐私这个雷区为好。归根结底，你们是因为公司提供的平台才聚集在一起，你们是在职场上打拼时志同道合的战友，也是有着独立空间和个人尊严的个体。如果把生活、工作和隐私都混为一谈，办公室则会成为噩梦开始的地方。因此，职场的老鸟们都深谙一个道理：和同事即使相处再好，也尽量不要成为朋友，更不要成为无话不谈的知己。从本质上来说，同事之间都是有利益冲突的，也许此刻没有，但是下一刻却成为了对相同职位的竞争对手。因此，不管是你掌握了别人的隐私，还是你向别人倾诉了知己的隐私，一旦匹马对阵时，这都会成为致命武器。与其如此，不如三缄其口，说什么都好，一提隐私就装聋作哑，压抑住自己强烈的好奇心，千万不要去蹚这趟浑水。

对职场白领来说，每天至少有八个小时是在办公室度过的。遇到加班的时候，在办公室的时间甚至长达十几个小时。因此，办公室是他们重要的社交场所，也是他们获取和散播各种信息的渠道。很多白领经过艰苦的打拼，明明可以有更好的前途和发展，最终却因为隐私在阴沟里翻船，失去工作，一切从头开始。不得不说，这是一个惨痛的教训，也是一个莫大的遗憾。只有能管住嘴巴的白领，才能游刃有余地畅玩职场，获得双赢。

朱莉在这家公司当行政文员已经有五年多时间了。原本，她是这次行政主管竞聘的绝佳人选，不但熟悉工作流程，也对每一位员工的情况烂熟于胸。然而，她却突然辞职，离开了公司，这让大家都大跌眼镜。没过两天，内部消息流传出来了：朱莉是因为当别人小三的事败露，才离开公司的。

原来，这次朱莉和她的好朋友安迪都想竞聘当行政主管。相比安迪两年多的工作经验，朱莉已经从事行政文员工作五年多了，显然更具优势。然而，就在这千钧一发的时刻，公司领导突然收到了邮件，说朱莉现在正在和一个有妇之夫同居，是个不光彩的小三。对此，公司领导非常重视，马上展开调查。果不其然，朱莉是和一个已婚男士住在一起。在朱莉迫于压力辞职

之后，安迪成功地成了公司的行政主管。对于这一切，安迪和朱莉一样明白到底是怎么回事。原来，朱莉的个人感情生活方面，只有安迪知道情况。朱莉告诉安迪，她的男朋友正在办理离婚，与妻子早就感情破裂，但是他妻子一直不愿意放了他，所以直到现在分居满两年才提起离婚诉讼。让朱莉万万想不到的是，安迪居然为了和她抢夺主管的位置，把这件事情以偷偷摸摸的方式向上司反映。她不想辩解，只是暗暗埋怨自己太傻了，居然相信了一个不该相信的人，把自己的隐私和盘托出。要知道，如果安迪不是因为这件事情，根本就不是朱莉的竞争对手。

生活总是这样，以无数惨痛的教训教会人们如何保护自我，防范他人。相信经过这件事情后，不管是多么好的同事关系，朱莉也不会再将其升级为闺密关系了。正所谓口蜜腹剑，闺密的背后暗算，其杀伤力是任何人都无法抵挡的。既然如此，朱莉一定不会再犯同样的错误。虽然丢掉工作让朱莉感到很难受，但是她更痛苦的是朋友的背叛。从此开始，她一定知道如何保护自己。

很多女人都容易犯感情冲动的错误。在和同事们交流时，一旦动了感情，她们就会不计后果地说出自己苦苦掩藏的隐私。在办公室里，不管是他人的隐私，还是自己的隐私，除非必要，都不要轻易提起。否则，你在办公室的生存处境就会变得特别艰难，甚至难熬。当你学会不再触碰隐私时，你的办公室奋斗之旅就离成功更近了一步！

拒绝，也要留有分寸

生活中，不乏有些人不会拒绝，每当他人有事相求时，即使能力所不及，也因为碍于面子而应承下来。这样的承诺最后往往不能兑现，反而伤害了朋友的感情，甚至导致友谊破裂。那么，再次遇到这样的情况时，我们就

该义无反顾地拒绝吗？拒绝的确应当义无反顾，因为只有你根据自身情况理智地选择拒绝，需要得到帮助的朋友才会转而求助他人，或者想其他办法。需要注意的是，拒绝也是要有分寸的。生硬的拒绝，不但让人尴尬和伤心，也会给你自己的人际关系留下阴影。聪明人不会生硬地拒绝他人，而是说出合理的理由，表达心有余而力不足的感触，或者尽心竭力地帮求助的朋友想出更合理的解决办法……诸如此类积极的方案，都能让朋友在被拒绝时不至于太难过，也能感受到你真诚的心意。

有分寸地拒绝他人是有技巧的，首先，当你有实实在在的困难自顾不暇时，可以把自己的近况告诉朋友。这么做，可能会暴露你真实的生活情况，但是总比朋友误解你不愿意帮忙更好。其次，如果你只是因为怕惹麻烦不愿意多事而拒绝朋友，那么千万不要说“我不想帮你”，没有人愿意听到这句话。你完全可以找一个说得过去的理由，诸如最近手头比较紧张，没有多余的钱，或者家里老人不在，要回家带孩子，所以不能代加班等。你想出的理由应该尽量符合情理，这样即便对方知道你是在刻意拒绝，也有台阶可下，不至于太尴尬。再次，我们也时常会遇到那些不近人情的请求。例如，有些人就是非常强势，总是喜欢对人颐指气使。对于这样的请求，你可以不卑不亢地说“不”，而没有必要与其争吵，更无须争个高低。归根结底，最后不得不提醒大家的是，无论你处于何种心态拒绝他人，为了表示尊重，都应该耐心地听对方说完他的诉求，否则，在不了解情况时就果断拒绝，傻子也能看出来真相是什么。当然，如果你准备与求助者老死不相往来了，大可以粗暴地说“不行”。这并不明智。还需要注意的是，求助者之所以直接向你求助，就是因为不想让更多的人知道他的窘况。如果你不能给予他帮助，那么千万不要通过他人之口代为转达你的拒绝，这样做是对求助者最大的不尊重，也会给他带来极大的伤害。这一点一定要记住，因为这是人际交往的大忌。

很多时候，拒绝还发生在对对方心存爱慕之意的男孩女孩之间。对于一个喜欢自己的男孩，善良的女孩总是不知道如何拒绝。如果是一个邪恶的女

孩，也许会在被追急了之后，撕破脸皮，极尽所能地挖苦对方一番。当然，还有一种女孩非常明智，她们凭借着自己的聪明才智，完全知道如何既保全对方颜面，又恰到好处地表达清楚自己的心意。这样的女孩，即使拒绝了自己的追求者，也依然能够博得对方的尊重和喜爱，甚至与其成为朋友。思思就是这样的一个人，下面让我们一起来看看关于她的故事吧！

思思大学毕业后进入一家外资企业工作，因为工作性质的原因，经常会出国出长差。有一次，她正坐在巴黎埃菲尔铁塔附近喝咖啡，突然遇到了一个大学时代的校友董桥。在异国他乡遇到校友，思思和董桥都兴奋极了。后来，在巴黎的那几天，除了忙工作，董桥就充当思思的向导，陪伴思思一起游览巴黎。

思思回国没多久，董桥就给她写了一封长长的邮件，向思思表达自己的爱慕之情。一般情况下，女孩子往往收到这样的邮件，如果是喜欢对方就一拍即合，如果不喜欢对方，就会非常为难，不知道如何拒绝。思思脑中灵机一动，想出了一个好主意。她佯装没有收到邮件，第二天给董桥打了个电话。在电话中，思思想董桥提出了一个请求，说："师哥，我有件事情还想麻烦你。"一听这话，董桥当即表示："没问题，什么事，你说吧！"思思说："是这样的，我男朋友下个月可能也要去巴黎出差。他呢，从来没去过巴黎，我想拜托你如果有时间的话，就再给他充当一次向导。"听到思思的请求，董桥心里明白了：这是思思在暗示我啊，拒绝了我的表白。既然如此，董桥也佯装从未写过那封表白的邮件，豁然说道："当然没问题，放心吧，我一定会把带你玩过的景点都再带他玩一遍。这样，你们在一起的时候也有更多可探讨的美景啦！"思思再三对学长表示感谢，他们在欢笑中结束了通话。当然，后来思思的"男朋友"并没有去巴黎，其实，这个"男朋友"只是思思杜撰出来拒绝董桥的。

董桥心里清楚，思思是个很好的女孩，拒绝他也说得这么委婉。后来，思思因为工作需要又去巴黎出差，还出了点儿小麻烦，都是董桥帮忙联系律师搞定的呢！如今，思思和董桥是非常要好的朋友。

很多女孩面对男孩的喜欢，不懂得拒绝，实际上，当男孩投入的感情越来越多，这种伤害也会日渐加深。当你明白自己的心意时，一定要准确地表达自己的心意，这样才是对双方都负责的态度。不过，准确表达心意并非要生硬地拒绝，就像上述事例中的思思一样，以虚拟男朋友表明拒绝的态度，也是非常好的方式。

在生活和工作中，不管你面对的是谁，都应该学会坦诚地拒绝。与其遮遮掩掩、支支吾吾，不如坦坦荡荡。当对方感受到你的真诚，你们的友谊非但丝毫不会受到影响，反而会更加坚固和亲密。这就是拒绝的魔力。

暗示，给彼此都留下空间

舌头虽然很柔软，却能杀人于无形。有多少人祸从口出，不经意间就因为说错话得罪人；也有很多人能够口吐莲花，把同样的话说得深入人心，让人心服口服。从此不难看出，舌头在我们的生活中扮演着至关重要的角色，除了帮助吞咽食物之外，也是我们生活中不可或缺的重要组成部分。如果舌头既能成事，也能败事，我们为何不认真钻研说话的技巧，让我们的舌头越来越灵巧，说出的话体贴入耳，帮助我们的生活一帆风顺呢？和那些沉默寡言的人相比，出口惹祸更让人心惊胆战。唯有修炼出口吐莲花的本领，才能八面玲珑，风生水起。

关于说话的风格，大致可以分为直截了当型、委婉曲折型、意在言外型……这些不同的说话类型，并非适用于每个人。例如，有些人总是同样的错误犯几遍，还不知道悔改，那么此时此刻，应该直截了当地指出他的错误，并且彼此协商到底如何改正。再如，有些人，尤其是女孩子，自尊心很强，特别爱面子，也很自觉。如果他们不经意间犯了错，完全没有必要揪着不放，也许只需要稍微加以暗示，效果就会立竿见影。这里提到暗示。顾名

思义，暗示就是不明说，以隐晦的方式让对方自我反思，意识到自己的错误，从而改正。从心理学的角度来说，暗示首先是打动他人的内心，使其主动反思自身的错误，因此改正的效果比强迫好很多。而且这种方式能够顾全当事人的颜面，做到你我心中有数，别人浑然不知，也是一种非常保密的交流方式。正是因为如此，很多人在进行交谈时，都喜欢使用这种方式。这样一来，当事人都有较大的回旋空间，不至于一下子把事情搞得太糟。

老张住在回迁房小区里，楼房的质量一般般，楼板特别薄。每天晚上，老张家楼上租房的那个小伙子，总是半夜三更才回家，回家之后还使劲地把脱掉的鞋子甩在地上，动静特别大，严重影响了老张的睡眠。尽管老张已经去物业反映好几次了，但是物业根本没人管，说人家是在自己家里的行为，物业无权干涉。思来想去，老张决定找机会自己解决这个问题。

机会很快就来了！有一次，小区里举办了一次相亲大会，即本小区的业主和亲戚朋友等，有单身的青年男女都可以参加，当然，青年男女的父母也可以代替孩子们先参加，筛选一下，把把关。就在这一天，老张遇到了楼上的小伙子。当时，小伙子似乎对一个女孩非常有好感，正与对方搭讪呢！这时，老张走过去和他打招呼，并且问能否坐在同一张圆桌上休息一会儿。小伙子当然同意了。

老张有一搭没一搭地和小伙子、女孩先聊着，渐渐聊到了年轻人结婚以后是否和老人同住的问题。这时，老张抓住时机，说：“我觉得年轻人最好不要和老年人同住。我给你们讲个笑话吧！从前，有个老人神经衰弱，很难入睡。每天晚上，他好不容易睡着了，住在他楼上的年轻人才刚刚下班，回家之后就发出各种声响。不过，他有一点是每天不变的，即他会把鞋子‘砰——砰——！地扔到地上。老人实在忍受不了，因为他被这扔鞋子的声音吵醒后，只能睁着眼睛一夜到天明了。为此，他找年轻人反映了这个情况。这天晚上，老人照常听到了‘砰——’的一声，他就瞪着眼睛等啊等啊，等了很长时间，也没等到第二声。他依然彻夜不眠。原来，是那个年轻人在扔了一只鞋子后，想起老人的话，因而把另一只轻轻地放在地

板上了。”老张的笑话把姑娘逗得哈哈大笑，小伙子却惭愧地满脸通红。老张看在眼里，什么都没说。果不其然，从那天晚上开始，小伙子再也不扔鞋子了。

老张很聪明，以一个故事暗示了小伙子的问题。小伙子也非常聪明，既然老张在他喜欢的姑娘面前为他保留形象，他自然也应该知恩图报，不再发出扔鞋的声响。虽然人们在现实生活中总喜欢对别人说：“有什么话你就直说吧！”然而，在现实生活中，很多话直接说出来的效果未必很好。只有采取恰当的方法，效果才能事半功倍，达到预期的效果。如果老张在看到小伙子时，一不做二不休，上来就劈头盖脸地数落小伙子一通，那么事情的结果未必有现在这样圆满。也许小伙子会恼羞成怒，甚至每天晚上变本加厉。老张，正是以这样的方式避免了冲突的发生。在暗示的情况下，即使小伙子不能马上领悟和悔改，老张也可以慢慢再想其他办法圆满地解决问题。

中国文字博大精深，只要运用得当，经常能够起到意在言外的作用。与其当面碰撞，导致双方都下不来台，不如先以暗示的方式小试牛刀，这样还有很大的回旋空间。

含糊其辞也是一种交谈技巧

很多人说话喜欢言之凿凿，就像是做精确的数学题，必须一丝不苟。然而，你们是否忘记了，数学里也有一个分支，叫模糊数学。由此可见，连讲求精确的数学都需要模糊，更何况是我们常常说不清、道不明的千头万绪的生活呢！从今天开始，如果你不想说起话来言辞犀利，咄咄逼人，那就学会含糊其辞的技巧吧。其实，生活不是时时刻刻都要较真的，时常说些含糊其辞的话，你会发现谈话变得更加融洽。偶尔，你还可以用这个技巧小小地惩罚一下某些人呢！

犹太人向来是非常精明的，头脑特别灵活，尤其擅长经商。因此，很多犹太人都选择了经商之道。安淑华也是一名犹太商人，他已经走南闯北很多年了。有一天晚上，他路遇歹徒，被歹徒洗劫一空，只好向附近村庄里的教会求助。教会里的人告诉他，村子里除了最吝啬的谢尔德，其他人家全都有旅客投宿。对于这个守财奴谢尔德，教会里的人表示爱莫能助。他对安淑华说："如果你能说服谢尔德为你提供食宿，你就去吧！"安淑华笑着说："放心吧，您只需要告诉我他家住在哪里，我会让他热情款待我的。"

在教会人的指点下，安淑华顺利找到了谢尔德的家。安淑华打量着谢尔德的家并发现，谢尔德是做黄金生意的，因此他一进门就故弄玄虚地问谢尔德："老板，请问像一个巴掌那么大，一指头那种厚度的黄金，你能给我多少钱呢？"谢尔德听完安淑华的描述，两眼放光，垂涎三尺，忙问："你说的金块在哪里呢？"安淑华漫不经心地说："我就是先问问价格。"说完，安淑华又说："对了，我要在这里逗留几天，你家方便借宿吗？"谢尔德当然求之不得啊，赶紧让妻子安排安淑华住下来，还好吃好喝地伺候着。第二天，谢尔德原本迫不及待地想要和安淑华谈谈金块的事，但是安息日是不能谈生意的，因此他只得作罢。第三天，安淑华向谢尔德告辞，谢尔德着急地问："你说的金块呢？"安淑华故作惊讶地说："什么金块？我没说有金块啊！我想，你是误会了，我只是想知道那么大的金块能卖多少钱。"

作为生意人，安淑华显然比谢尔德棋高一着。虽然他身无分文，却让守财奴谢尔德心甘情愿地盛情款待了他，这对于贪财心切的谢尔德而言，可谓是一个教训。从严格意义上来说，安淑华并没有欺骗谢尔德，而是使用了含糊其辞的交谈技巧，让谢尔德误以为他的手里有一块金子要出售，因而财迷心窍。对于这样的结果，谢尔德可谓哑巴吃黄连，有苦说不出。

这种含糊其辞的技巧用途很多，尤其是在遇到一些尴尬的问题时，都可以使用这种含糊其辞法回答。例如，有人不懂礼貌，问一位女士的年龄，这位女士就可以用"你猜猜！"或者"不年轻喽！"这样的话来进行回答，既保护了隐私，也回答了问题，非常巧妙。再如，有些职场人士每到春节回乡

过年时，总会遇到一些热心肠的亲戚好友追问一个月挣多少钱，这同样属个人隐私。这时，便可以回答“饿不死而已”或者“哪哪都用钱，也不剩什么钱”。这样的回答，会使提问的人知难而退，如果再继续追问，那就是真的不识好歹了。

人际交往是一个非常复杂的命题，因为面对的是变幻莫测的人心。当一些问题不好正面做出准确回答时，不妨就采取曲折迂回的战术，巧妙地运用含糊其辞的办法，把尴尬的问题糊弄过去。不过，需要注意的是，含糊其辞的办法只适合特定的少部分问题，如果一个人不管面对什么提问都含糊其辞，那么就说明这个人肯定有不为人知的苦衷或者问题。凡事过犹不及，不管多么有效的交谈技巧，都要选择合适的场合和时机使用，才能收到事半功倍的效果。

第3章　说话投其所好：热情寒暄，主动一点儿

人与人之间的交往，有的时候缘起于偶然。很多人因为没有知心好友而烦恼，却不知道应该主动出击，与人结识。这就像是男女之间的缘分，“众里寻他千百度，蓦然回首，那人却在灯火阑珊处”。其实，不仅仅是男女朋友、普通朋友，即使是因为工作关系，也可以主动与人交往，给自己多一条路。不过，搭讪时应该注意，说话要投其所好，结识他人的过程才能更加顺利。

勇敢地成为主动的人

天上不会掉馅饼，如果你想吃馅饼，应该自己去找。交朋友也是如此，朋友不会主动来到你的身边，你应该主动搜寻，四处出击，这样才能更好地拓展人际关系，成为处处受人欢迎的人。尤其是现代社会，人际关系被提升到前所未有的高度。每个人都很清楚地意识到，人脉就是资源，也希望扩大自己的人际交往圈子。那么，就从现在开始抛弃羞涩、内向等负面的性格吧，让自己变得积极热情，即使遇到陌生人，也能用真诚感动他人，打开他们的心扉。

在人际交往中，怎样才算主动呢？简言之，就是主动和人搭讪，努力和人结识。即使遇到挫折，也不放弃交朋友的心意。其实，只要留心，生活中有很多人都可以变得很熟，甚至成为朋友。例如，你陪朋友一起去面试，朋友进了面试间，你在外面等候。这时，那些等候面试的人中，一定有个人是离你最近的。不如简单聊几句，留个联系方式，互通有无。如果你很会搭讪，甚至有可能和组织面试的人也能交谈几句，甚至还会无心插柳柳成荫，把自己推销出去呢！现代社会，有很多人年轻人都是背井离乡，独自在大城市打拼。每个人都非常孤独，尤其是刚刚毕业的大学生，除了同学，几乎没有几个认识的人。假如能够借助四处面试的机会拓展人际关系，则人生的道路会变得更加开阔。

作为一个主动的人，我们首先应该让自己变得有礼貌。要知道，没有人愿意和无礼浅薄的人成为朋友。只有彬彬有礼，而且让人感到愉悦，别人才会愿意认识你。主动，有非常神奇的作用。例如，一个人原本冷若冰霜地坐在你的对面，如果你们彼此沉默，那么终究会擦肩而过。此时此刻，如果你面带着微笑，热情主动地和对方打招呼，他一定不会继续冷若冰霜下去，而是也会相应地回报给你微笑。就这样，你一句，我一句，几句话之后，你们就开始畅快地聊起来了。假如你比较腼腆，也可以先向对方投以微笑，等待对方的反应情况，再决定是否继续攀谈。常言道，伸手不打笑脸人，只要你带着善意和真诚，对方一定会尊重你，也回馈给你友善。当然，当下有很多新的网络交际工具出现，这也给内向的人们搭建了一条畅通无阻的沟通渠道。如果你不好意思和刚刚认识的人过多交流，完全可以在逢年过节的时候，或者随便找个什么借口，给对方发去问候的短信、微信、电子邮件等。相比较面对面的交流，文字显得更加温和，也给予彼此更大的空间。

今年正在读大四的李健，与所有同学一样，正在一边实习一边找工作。李健是个很健谈的人，给人的感觉阳光热情。为此，内向的杜亚每次出去面试，都会央求李健陪他同去。当然，只要没有面试安排，李健总是欣然应允。因为李健知道，他需要认识更多的人，见识更多的场面，才能寻找到更好的就业机会。

一次，杜亚非常幸运地接到了一家世界五百强企业的面试通知函。杜亚兴奋极了，也紧张极了，他很担心自己因为紧张把这一切都搞砸了。为了壮胆，他叫上李健一起去面试。听说杜亚得到了这家大企业的面试通知，李健不知有多么羡慕他呢！一大早，他就起床洗漱，穿上正装，准备陪杜亚去面试。寝室的其他同学都调侃李健："哎哟，又不是你面试，你只是个陪同的家属，看你打扮得跟新郎官似的。"李健不以为意地笑了笑，说："说不定，我还能被选中呢！一切皆有可能！"

在等待面试的时间里，李健一直陪在杜亚身边，给他鼓气壮胆。后来，杜亚进去面试了，李健一个人坐在等待区。这时，一个穿西装革履的中年男

士走过来。李健马上提醒他："您好，保洁刚刚拖过地，请您注意路滑。"中年男士饶有兴趣地看着李健，问："小伙子，面试马上就开始了，你怎么不进去呢？"李健不好意思地笑了，说："我是陪同学来面试的。当然，如果您同意我进去，我很荣幸。我随身带着所有的个人资料呢，时刻准备着面试。"听到李健的话，中年男士笑了。他点了点头，对李健说："那就请吧！"原来，这位男士就是负责此次面试的副总经理。就这样，李健顺利获得了面试的机会，而且因为在面试中的优异表现，顺利被录用进入这家世界五百强企业工作。杜亚呢，也因为李健在副总经理面前的美言，同时被录用。后来，李健还和副总经理成为非常要好的朋友，他们不但在工作上配合默契，还经常在下班后一起去酒吧喝酒，消遣聊天。

所谓"有心栽花花不成，无心插柳柳成荫"，大概说就是的李健这种情况。不过，我们不能说李健是无心的，因为他随时准备着认识新的人，给自己找到新的出路。也许正因为他准备充分，才能获得这次千载难逢的好机会。如果他没有借助于拖地的借口和中年男士搭讪，如果他不是穿着正装且随身携带着资料，只怕机会掉在面前也无法抓住。当然，最初的开始都得感谢那"地滑"的提醒。生活对于每个人都是如此慷慨，只要你想与人搭讪，你总能找到各种各样的理由。如果帅气的男孩子们能把追求陌生女孩的搭讪能力运用到生活中的各个方面，那么一定会朋友遍天下。这就是主动的魔力。

每个人都必须生存在群体之中，可以说，人是社会关系的整合。每个人只要活着，不管是生活还是工作，都离不开和形形色色的人打交道。要知道，与人交往是最难的课题，也是最深奥的命题。很多人阅人无数，却依然无法炼就火眼金睛。不管什么时候，我们都应该怀着真诚的心，积极地与人交往。越主动，越幸运，也是非常有道理的。

如何在第一句话上抓住人心

想要成功和一个陌生人搭讪，并且使交谈和谐融洽地进展下去，仅仅主动热情还是不够的。而且现代社会，人们彼此之间戒心很重，太过热情的陌生人很容易让人逃之夭夭。由此一来，和陌生人搭讪的难度越来越大。不过，如果你曾经看到过小区广场中宝妈们在一起聊天的情形，就不会认为人们互相防备了。即便只是第一次见面的宝妈们，也会马上熟稔得像是认识十几年一样。尤其是当说起哪个牌子的尿不湿好用、哪个品牌的辅食最健康、哪个品牌的衣服最时尚而且安全环保以及关于喂养婴儿中的诸多难题时，她们非常兴奋，每个人都争先恐后，恨不得把自己所知道的、那些从实践中摸索出来的经验和盘托出。这是为什么呢？其实原因很简单，她们有着共同的语言，而且搭讪时说出的第一句就能牢牢地抓住对方的心。例如，宝妈看到另外一个宝妈，会说："你家孩子多大了，看起来个子好高啊！"哪个妈妈不喜欢自己的宝宝长得又高又壮，人见人爱呢！因此，被搭讪的宝妈马上会做出回应："两岁半了，他个子是挺高的，好多人都以为他三岁了呢！你家的呢，几岁了？"这样几句话的交流之后，两位宝妈接下来的沟通全无障碍。

从宝妈们成功搭讪的经验，我们不难看出，成功搭讪的重要一点，就是第一句就俘获人心。只要第一句话说得成功，接下来的交流就会水到渠成，毫无障碍。而且，第一句能否深入人心，还决定着人们日后交往的深度。不得不说，第一句和你给人的第一印象一样，至关重要。也许朋友们会说，但是我是男孩，而且还没有结婚生宝宝呢！请大家稍安勿躁，宝宝的话题只是宝妈们在一起的最好媒介，并非面对所有人都要聊宝宝啊！每个人关心的兴趣点不同，当你想要一句话就打动他人时，首先要做的就是观察和了解他人。诸如，假如你面对的人是个教师，你可以说："您的气质看起来就是为人师表的，非常高雅，而且很面善，给人的感觉特别舒服和亲切。"再如，

你面对一个医生，可以问："您好，请问您是医生吗？看起来就非常严谨沉稳的样子，您是外科医生吗？"这样的搭讪，大多数都能得到对方友好的回应。如果是面对小朋友，那就更好说啦，可以说说小朋友当下最喜欢看的动画片、电影、玩具等；如果面对的是老人，就可以说说养生长寿等方面的话题……只要有心，你总能找到合适的话题，与眼前的人搭讪，以第一句话就能给对方留下很好的印象。

朱朱刚到一家公司工作，还是个什么都不懂的菜鸟。她紧张地坐在座位上，看着那些忙忙碌碌的同事，有些无所适从。后来，领导给了她一份报表，让她先学着打打电话。朱朱有些不清楚打电话的注意事项，便问坐在前排的一个同事："您好，您看起来非常精明强干，您是负责销售的吗？"这位同事笑着点点头。朱朱接着问："您真是太厉害了，我觉得做销售的人都特别聪明，能力很强。是这样的，领导刚刚给我一份报表，让我先学着打电话。我不太清楚注意事项，所以想请教您……"这个同事马上放下手里的工作，开始给朱朱详细地讲解。

虽然只是一件小事，但是从中不难看出朱朱的语言技巧。她在第一句话中就先夸赞了前排的同事，并且把对方视为自己的前辈。如此一来，这位同事怎么能不答应她的请求呢？！很多职场人士都知道，现代职场上，同事之间的情谊并没有那么深厚，尤其是有些竞争激烈的同事关系，彼此之间钩心斗角也是常有的。大多数人都抱着事不关己，高高挂起的态度，宁愿多一事不如少一事。这样一来，新人进入公司的处境往往很艰难。不过，相信朱朱经过这次请教之后，一定会和前排的同事形成良好的关系，这样新入职的尴尬也就减弱了很多。毕竟，她的好多问题都可以向前排同事请教，也可以顺利地进行过渡。

第一句话，就像是小学生写作文的开篇一样，或者是文学作品的开头，一定要充满吸引力。这样，人们才能有耐心继续与你交流，你也能从中得到自己想要的信息。如果实在找不到共同点，甚至可以问问对方是哪里人，攀上半个老乡也是对交往有利的。与此相反，如果第一句就说得对方勃然大

怒，那么你们的交往就很有可能马上中断。毕竟，没有人愿意给自己平白无故地添堵。由此可见，说好第一句话是多么重要。从现在开始，就努力用心，让自己的第一句话说得越来越漂亮吧！

微笑，是你最友善的名片

婴儿甚至在母亲的子宫里时，就已经能够表现出微笑的模样。当呱呱坠地之后，也许只需要很短的时间，他们就会把微笑奉献给世界。可以说，世界上最美好的表情，就是婴儿纯净的脸庞上挂着微笑。这种微笑，那么纯真，那么纯粹，没有任何一丝杂念。然而，随着年岁增长，很多人都忘记了自己最初的微笑。他们只会阿谀奉承地笑，只会把笑脸留给对自己的有用的人。我们要说，这样的微笑不是真诚的微笑，而是假面。仔细看看生活中那些最受欢迎的人，他们一定经常保持微笑的模样，即使是面对地位比自己的卑贱的人，他们的微笑也是发自内心的。即使是面对地位比自己高得多的人，他们的微笑也没有任何功利的意义。这才是微笑最该有的面貌。微笑有种神奇的力量，如果始终拥有婴儿般的微笑，你就会发现这种力量威力无比。关于微笑，著名的戏剧作家莎士比亚曾说，如果和精明的人在一起只会悲伤，那么我宁愿和傻子在一起欢笑。没有微笑的生命，就像是干旱的沙漠，终日经受烈日的灼烧和烤炙，让人难以忍受。

微笑不仅仅是一种表情，也是一种心情，还是一种语言。微笑着的人，总是积极愉悦的。他们能把快乐传递给他人，也把美好带给自己。即使是一百岁的老人，在微笑时，那满脸的皱纹也会瞬间变成绽放的菊花，让人感受到她心底里的甜蜜和幸福。相反，即使是一个满身挂满珠宝的贵妇，但是却愁容满脸，你也能立刻感受到她心底的悲伤和绝望。微笑的人，总是非常幸运。即使遭遇不幸，笼罩在心头的阴云也会很快被微笑驱散，迎来阳光。

尤其是当面对他人时，微笑还能诉说我们的友善和真诚，让他人愿意和我们成为朋友，彼此之间架起友谊的彩虹。所以，如果你想变得快乐，你一定每天早晨都要对着镜子里的自己微笑；如果你想给别人带去快乐，不管什么时候，你都要以微笑示人。

曾经，我在火车站遇到了一对父子。父亲非常苍老，孩子瘦弱不堪。原本，我行色匆匆，根本没有意识到他们的存在。然而，父亲却执拗地挡住我的去路，怯怯地说："能借给我们100块钱吗？""100块钱？这个骗子要得也太多了吧，"我心里暗暗想道。我冷漠地看了他一眼，准备离开。这时，父亲身后那个孱弱的孩子突然对着我笑了起来。虽然他的小脸脏兮兮的，鼻涕也流了出来，但是我被他的笑容感动了。他的笑容里有一丝胆怯，但是非常真诚，眼神清澈见底。他小声说："叔叔，求求你帮帮我们吧！爸爸带我来看病，钱丢了，我们想买票回家。""你们买票多少钱？"我脱口而出。小男孩说："爸爸是全票，65元；我是半票，需要30元。"我的情感告诉我他们看起来不是骗人的，但是我的理智却一直在阻止我掏钱包的举动。最终，我在小男孩的微笑中缴械投降：算了，不就一百块钱嘛，万一他们是真的需要钱呢！

就这样，我掏出100块钱给他们。因为急着与朋友会合，我没有看着他们去买票，就匆匆离开了。等我在站台上送走朋友之后，突然听到有人在喊"叔叔，叔叔！"我四处张望，发现刚刚开走的火车厢里一闪而过那个男孩的面孔，我高兴极了。

在汽车站、火车站等人流涌动的场所，有很多装可怜骗钱的人。他们大多数是职业乞丐，以此为生。上述事例中，"我"显然以为这父子二人也是那样的人，因而在开始时态度并不友好。直到看到小男孩的微笑，我才在理智和情感中挣扎，最终选择相信他们。这就是微笑的力量。微笑是不能伪装的，如今，很多职业的从业人员都被要求微笑着面对客户，所以她们始终露出标准的八颗牙齿。这样的微笑，仅仅是面部肌肉的牵扯，没有任何感情的因素在内。真正的微笑，是发自内心的，是能撼动人的心灵的。

人生原本就充满坎坷和挫折，每个人都不可能一帆风顺。既然如此，我们何不微笑着面对无常的世事呢？不管是幸运还是不幸，不管是顺境还是逆境，只要你依然能够展露最真诚的微笑，命运就一定会眷顾于你，让你得偿所愿，心想事成。

三 “你对我很重要”的神奇魔力

尽管现代社会中人情日益冷漠，但是每个人依然渴望得到他人的关注和重视。例如，在不止有一个孩子的家庭，得到父母关注最多的那个孩子，一定是最有出息的。在班级里，孩子们的表现则更加明显。当老师明显偏爱某个孩子时，即使他原本不够优秀，也会在短期内迅速提升自己，表现越来越好。这就是被关注的力量。

作为世界著名的心理学家，亚德勒曾经说：“一个人越是对他人不感兴趣，越是容易深深地伤害他人，当然，他自己也会因此遇到重重阻碍，屡屡失败。”这句话向我们揭示了人际交往的真理，当你关注他人时，你相应地也会得到他人的关注。如果你关注遇到的每一个人，那么你自然会变得与众不同。

美国历史上，深受人民爱戴的总统罗斯福，得到了整个白宫的喜爱。甚至连他的黑人男仆奥莫森，都对他发自内心地崇敬和喜爱。为了表达对罗斯福的敬意，奥莫森特意写了一本书，名为《罗斯福，他仆人心目中的英雄》。在这本书里，奥莫森详细为读者讲述了罗斯福的生活逸事，告诉全世界罗斯福得到了每一个仆人的敬爱。下面，就让我们跟随奥莫森的笔触，看看罗斯福是如何得到他仆人的爱的吧！

我的妻子不知道从哪里听说鹑鸟非常美丽，但是她从来没有亲眼看过鹑鸟。有一次，她去帮总统收拾房间，恰巧总统也在，她便向总统请教关于鹑

鸟的知识。那个时候，总统正在处理一些文件，听到她的提问之后，就马上停下工作，开始尽量用平白的语言向她描述鹑鸟的模样，还给她讲了几个和鹑鸟有关的故事。她非常感动，没想到总统居然对她的随口一问如此重视，还这么充满耐心。然而，接下来又发生了一件更让她惊讶的事情。

一个夏日的午后，我正准备去白宫上班，突然总统把电话打到我的家里。总统欣喜地说："奥莫森，我刚刚经过你家附近，看到你家窗台上有一只鹑鸟。你快点儿告诉你太太，让她亲眼看看鹑鸟的模样。"说完，总统就挂断了电话。我赶紧小声叫来妻子，她终于看到了鹑鸟。我们俩的眼睛都湿润了，总统日理万机，为国家操心受累，却惦记着这样一件小事。

不仅仅是我有这样的经历，在白宫里工作的每个人，都曾经受到过总统的重视。即使后来，我们只要谈起总统，就会想起那些让我们感动万分的小事。我们每个人都愿意为总统献出生命，无论任何时候。

任期满了之后，罗斯福总统每次回到白宫，都会去探望那些仆人们。在他心里，不管是园艺师、女仆、卫兵还是厨师，都是他最友好的朋友。他一一叫出他们的名字，并且用有力的双手紧紧地握住他们的手，还关切地问起他们家里的情况。当看到面点师艾丽丝时，罗斯福总统还提起了那美味的玉米面包，遗憾的是，艾丽丝说新总统并不喜欢吃玉米面包。这时，罗斯福总统说："他们真是没口福，我要告诉他们玉米面包真的很好吃！"罗斯福的话让爱丽丝激动不已，逢人就说。此后，每当罗斯福过生日，艾丽丝都会送上自己亲手制作的玉米面包，直到罗斯福去世之后，她这个习惯依然没有改变。

罗斯福总统之所以能够得到每个仆人的爱戴，就是因为他重视和在乎每一个仆人和他身边的人。他的重视是发自内心的，所以才能记住那么多和仆人们有关的细节问题。正是这份重视，让仆人们心甘情愿地为他献出生命，也会忠诚地追随他。虽然我们只是普通人，没有显赫的身份，但是当你们真的重视和发自内心地在乎一个人时，相信对方也会一样地重视和在乎你。所以，从现在开始，如果你想变得不同凡响，就发自内心地关爱身边的每个人

吧，你会发现，你付出的关爱创造了奇迹。

不管是对亲人、爱人还是朋友、同事，我们都可以直接说出自己心里的感受：你对我很重要。这样一来，你会从对方感动的眼神中发现，你在他们心目中也同样重要。只要毫不吝啬地让他人成为你关注的重心和焦点，你自然而然就会得到回报。

没有人会拒绝热情的你

生活中，总有些人和事让人感到心寒，甚至对生活失去希望，也有些人热情似火，似乎能够温暖整个世界。拥有热情的朋友，对每个人来说都是一种幸运。这些满怀热情的朋友，就像是冬日里的一把火，给我们的生活带来希望，将其维持在最恰到好处的温度。也许有人会说，现在真诚的人太少太少，其实，这是因为你被虚伪遮挡了眼睛。当你怀着一颗真诚的心看世界，你就会发现人间还是有真情的。尤其是当两个都很热情的人不期而遇，整个世界都为之绚烂起来。

人们常说生活是一面镜子，你对它哭，它就哭；你对它笑，它就笑。的确，生活就是这样。你给予生活什么，生活就会回馈给你什么。与人相处也是如此，人心是最敏感的温度计，你给予对方温暖，对方才会回赠你阳光。如果你总是愁眉苦脸、爱搭不理的对待他人，他人又怎么会像向日葵一样冲着你绽放呢？！从现在开始，让自己成为一团热情的火吧，相信你不但会照亮自己的小宇宙，也会让整个世界为之温暖。

近来，徐宇被总公司派到分公司主持工作。这当然是一次晋升，但是徐宇却很忐忑。这是因为大多数分公司因为平日里和总公司打交道不多，所以对于总公司空降下来的领导者往往心怀芥蒂。徐宇很担心，自己是否能迅速融入团队，成为分公司当之无愧的领导。在出发去分公司之前，徐宇设想了

很多方案，帮助自己快速融入团队，博得同事们的认可。他甚至也曾想过要故弄玄虚，装得高冷一些，这样才能让大家看到他感到不寒而栗，感受到他的威严。然而，他也知道，作为一名领导，只靠着装大尾巴狼的这点功夫，根本不能长久。思来想去，徐宇还是决定展现本色。要知道，他刚来公司时，在一年多的时间里就做得非常出色，这一切都是因为他很热情。

来到分公司后，徐宇开了一个激情澎湃的见面会。在会上，他丝毫没有领导的架子，而是把自己摆在“公仆”的位置上。他拍着胸脯对大家说：“你们放心，以后，我就是你们最坚固稳定的大后方。不论生活还是工作，只要遇到困难，我一定与大家同心协力，共渡难关。”这番话引起的反响只是客套的掌声，因为大多数同事都把这作为一种客套话。然而，也许是命运故意给徐宇机会吧，徐宇到任没几天，就有个同事家里的老人被确诊为肺癌。恰恰这个同事的经济条件很差，家里负担也很重。在得知消息的第一时间，徐宇马上号召捐款，并且带头捐出了自己整整一个月的工资。同事们都被徐宇的热情感染了，纷纷解囊相助，就连工资只有两三千块的新进员工，也捐了一千块钱。在一天的时间里，捐款就已经达到了五万多元。就这样，同事家里的老人可以马上接受手术治疗了。徐宇拍着同事的肩膀说：“放心吧，先把手术做了，我再去总公司给你申请援助，作为后续治疗所用。”这次应急事件，让大多数同事对徐宇的看法大为改观，他们甚至非常感动，因为徐宇的热情和投入。

在之后的半年多时间里，徐宇又多次带领团队完成艰巨的任务，与所有同事一起战胜困难。每位同事都被徐宇身上焕发的热情所感染，团队凝聚力大大增强。到了年底，徐宇所在的分公司居然被评选为“精英团队”，这让所有的团队成员都兴奋不已。

徐宇真的就像一把火，点燃了整个沙漠。他不愧为一个优秀的团队管理者，以自己积极主动的性格，以自己发自内心的热情，带领整个团队走出了困境。也许你很难想象，一个团队的氛围很大程度上取决于领导者的性格色彩。当领导者足够热情，整个团队都会因此而变得活力四射。相反，如果领

导者非常沉默，特别内向，而且性格偏冷，那么团队也会死气沉沉，缺乏活力。如果你是一位领导者，现在是否已经做好准备带领团队燃烧整个沙漠了呢？！只要拥有决绝的信心和勇气，你就一定能够获得成功。

现代社会，生活压力越来越大。几乎每个人都会遭遇各种各样的困境，尤其是在职场上，更要在承担生活压力的情况下，肩负起工作的职责和重任。这个时候，我们必须时刻保持积极热情的状态，才能带动身边的人，也才能让每个人都精神亢奋地投入工作和生活之中。任何时候，都要燃烧自己！

“投其所好”才能打动人心

所谓投其所好，顾名思义，就是迎合他人的喜好。原本这个词语带有一丝贬义，不过用在语言交际上，则是中性词，如果运用得当，甚至会给我们的人际交往带来很多好处。说话，是最简单的事情，婴儿出生之后，通常在一岁左右就会说话。说话，也是最难的事情，很多人活了一辈子磕磕绊绊，就是因为不会说话。那么，如何才能把话说到人的心里去呢？这是很多人都百思不得其解的事情。要想做到这一点，一个重要的方法就是投其所好。与每个人都有自己的兴趣爱好一样，人们对于语言也是有偏爱的。有的人喜欢直来直去，开门见山；有的人喜欢委婉含蓄，彼此像捉迷藏一样猜解心意；有的人喜欢直截了当，言简意赅；有的人喜欢提前铺垫，水到渠成……这些都是不同的说话风格。要想让他人喜欢你所说的话，你就应该首先了解这个人的性格特征，揣测他喜欢什么样的表达风格。假若你面对的是梁山好汉，却扭扭捏捏，说了半天也没有表达清楚自己的意思，只怕早就掉了脑袋。如果你面对的是翰林大学士，才高八斗，学识渊博，你却说些粗鄙低俗的话，也会让人觉得不堪入耳。见什么人说什么话，这是必需的。

其次，你还应该了解他人的兴趣爱好，即他们喜欢听什么话，喜欢讨论什么话题，喜欢别人如何对待他们。如果了解清楚这三点，你的话即使不能完全地征服他们，也至少能够打动他们的心，把话说到他们的心里去。总而言之，说话是一种技能，更是一门艺术，还是一门课程。只有在社会的课堂上用心学习和钻研，我们才能尽快掌握说话的技巧，将其运用得炉火纯青。

作为一名成功的汽车推销员，乔·吉拉德创造的汽车零售记录，迄今为止仍然无人能够打破。很多人也许会问，他是如何做到的呢？也许，这对于很多人都是无法逾越的难题，但是对于他而言，则是水到渠成的事情。当被他人问及如何创造这么辉煌的销售业绩时，他说："很简单，就是投其所好。"

乔·吉拉德的客户中，有一对夫妇。原本，这对夫妇换车的需求并没有那么急迫，意向也不强烈。但是，在他的苦心经营下，最终他们决定提前换车，成全他的一单生意。是什么样的魔力，使得乔·吉拉德能够征服客户的心呢？原来，这对夫妇结婚十几年，始终没有孩子。为此，夫人就养了好几条小狗，聊以慰藉乏味的生活。她对小狗特别疼爱有加，就像是疼爱自己的孩子儿那样。一个周末，这位夫人接待了一名汽车推销员。当时天气很好，小狗们就在草坪上撒欢，这个推销员喋喋不休地向夫人介绍他的产品，夫人却根本不想听。她甚至有些生气，暗暗想道：我的小狗这么可爱，难道你看不见吗？！当推销员留下资料离开，夫人生气地把这些资料扔进了垃圾桶。

又过了几周，乔·吉拉德也来到了这片社区。他远远地看到夫人带着小狗们在散步，隔着老远就说："天哪，这些小家伙太可爱了。"他疼爱地抱起一只小狗，走到夫人面前，说："夫人，这是您的宝宝吗？我想，它一定是贵族的后代，您看，它的毛色非常纯粹，五官这么清秀，一看就是大家闺秀。"听到乔·吉拉德如此夸赞自己的宝贝，夫人简直高兴得合不拢嘴。在得知乔·吉拉德是一名汽车推销员后，夫人主动说："太好了，您是汽车推销员！我们正好有换车的打算，你下个周一与我丈夫见一面，详细谈谈，如何？"乔·吉拉德当然求之不得。很快，见面的日子到了，他还细心地为夫

人的爱犬们准备了一大包零食。这简直一下子就征服了夫人的心。结果可想而知，在夫人的鼎力相助下，乔·吉拉德顺利与他们签订了购车协议，达成了交易。后来，这对夫妇还介绍了好几个朋友从乔·吉拉德这里换车。

作为一名成功的推销员，乔·吉拉德非常聪明。在他的职业生涯中，他有过很多次类似的销售经历，因为他总是能够投顾客所好，打动顾客的心。实际上，销售人员最重要的能力就是站在客户的角度为客户着想，这样客户才会信任销售人员，最终达成交易。当然，还有些家庭孩子比较多，或者是有年纪特别老的老人，这些都应该是销售人员考虑的问题。尤其是对于带着孩子的年轻夫妇，如果你能在见面的第一时间就夸赞孩子健康、漂亮、聪明等，父母一定会乐得合不拢嘴，与你之间的心理距离急速缩短。例如，如果你遇到一个带着孩子的母亲，一定要在第一时间说："这个孩子真可爱，大大的眼睛好像会说话一样。"也许此刻，孩子正在充当破坏者的角色，四处捣乱，母亲往往会说："他非常调皮。"那么，你千万不要对母亲的看法表示认可，也觉得孩子很调皮。正确的回答是："孩子都很调皮，而且越调皮越聪明呢！这是个聪明的大宝宝！"这样的回答，一定会让母亲在谦虚之余暗暗感到骄傲。毕竟，哪个母亲不希望自己的孩子得到认可和夸奖呢？！总而言之，只有切合实际地解决顾客的难题，销售人员才能在最短的时间内赢得顾客的信任。

虽然我们未必个个都是销售人员，但是每个人在社会上生存，都要学会推销自己。不管是与人相处，还是找工作，我们都必须把自己推销出去，才能成功地展开下一步的人生。无论我们面对的是怎样的交谈对象，如果也能学习乔·吉拉德投其所好的营销技巧，就一定会事半功倍，马到成功。

第4章　说话循序渐进：慢慢说服，避免语言冲突

语言，很多时候被用来说服他人。这就要求我们不但要清楚地表达自己的观点，还要循循善诱，把自己的观点灌输给他人，并且得到他人的认可。尽管很多人都觉得说服是一门艺术，实际上，说服更是一门科学。说服不但需要艺术化的语言，更需要我们深谙心理学知识，把握他人心理，掌握语言技巧。唯有如此，说服才能层层递进，深入人心。

角色互换，让你们彼此体谅

每当一件事情发生时，如果你不是当事人，即使你再怎么设身处地，也无法真正理解当事人的感受，对其感同身受。也正是因为如此，每个人在看事情和处理问题时，总是理所当然地从自身的角度出发，丝毫不顾及他人的感受。日久天长，人们之间的误解也必然越来越深，导致产生隔阂。要想避免这种情况的发生，有一个很好的办法值得借鉴，即角色互换。角色互换分为两种：一种是真正形式上的角色互换，还有一种是心理意义上的角色互换。通常；第二种方式使用范围更广阔，使用频率更高。归根结底，生活不是过家家，很多角色并不能像在游戏的世界里一样互相颠倒。

当当事双方不能彼此理解和体谅时，我们就可以使用角色互换的方法，帮助当事双方彼此之间加深了解。形式上的角色互换当然很好理解，但是心理上的角色互换则要求我们有同理心。所谓同理心，就是理解和体会他人的想法，感受他人的立场和情绪，并且从他人的角度出发，思考和解决问题。通常情况下，感情细腻的人更容易培养自己的同理心，因为他们能够更加深刻地体察他人的情绪，对他人感同身受。只要做到角色互换，人们相互间的误解就会大大减弱，冲突也会越来越少。

月华一个人在美国留学，为了贴补学费及生活费，学习之余便去一家快餐店打工。有一天中午，恰逢周末，人很多。也许是因为着急吧，月华居

然把一包糖作为咖啡伴侣给了顾客。顾客是一位中年女士，有些肥胖，对此非常生气。她质疑月华："你是不是故意的，难道你不知道我正在减肥吗？你这个错误简直不可原谅。"很快，餐厅主顾闻讯赶来。月华委屈极了，她想：这只是一包糖，又不是毒药，至于这么歇斯底里吗？！那个时候，月华刚去美国不久，根本不知道美国人把减肥当成头等大事来抓，因而一切阻碍减肥的事情都是天大的事情。看着眼泪在眼眶里打转的月华，餐厅主管拍拍她的肩膀，小声说："如果我是你，我不会和她争辩。我会立刻向她道歉，然后不收取她的餐费。"月华压抑着心里的委屈，照着主管的话做了。果然，那个女顾客很快就不再嚷嚷了。原本，月华以为主管会在此事平息之后辞退自己，因而做好了最坏的打算。不想，直到下班的时候，主管才过来漫不经心地对月华说："如果我是你，我就利用下班时间熟悉这些调味料的位置，这样以后就不会再犯同样的错误了。"

一天之中两次听到这句"如果我是你"，月华感动不已。她想，主管一定是想了无数遍"如果我是你"，才这么宽容地理解她、体谅她、包容她。后来，月华大学毕业了，进入美国社会开始工作，也曾经遭受过很多误解和委屈，但是她始终都对自己说"如果我是你"。正是由于这样的换位思考，帮助月华度过了人生中最难熬的阶段，也使她顺利成长为一名职业女性。

虽然同样是指导他人怎么做，"如果我是你"，显然是站在对方角度考虑问题，进行换位思考，让人很容易就能接受这种充满善良、理解和体贴的建议。这比颐指气使地告诉他人怎么做，或者声色俱厉地指责他人，效果好了不知多少倍。"如果我是你"，瞬间拉近了人们之间的心理距离，让原本处于微妙对立之中的人，变成了同一个战壕的朋友。人们常说，人同此心，心同此理。这样的同理心，带给人们的是美好的感受，是心甘情愿的改变，是真正意义上的换位思考。

常常有些销售人员，在催促客户达成交易时急功近利，让客户产生警惕心理，因而导致原本谈好的事情全盘被推翻。这些销售人员虽然特别努力，但是在工作上却始终没有很好的表现。究其原因，就是他们缺乏换位思考的

精神，一味地从自己的角度出发去追求利益。作为销售人员，倘若能够换位思考，从客户的角度出发去考虑问题，推荐符合客户需要的产品，那么工作效率一定会成倍地增长，也会因此与客户成为很好的朋友。要知道，当你足够真诚，对方是一定能够感觉到的。

尤其是在职场人，同事之间往往处于利益的对立面。一味地因为利益而争执，往往只会使事情变得更加糟糕。倘若能够运用换位思考的方式，更好地理解和体谅对方，甚至主动做出让步，那么对方也会因为互惠心理，也做出相应的让步。正所谓退一步海阔天空，各退一步的结局自然更加完满。既然如此，我们为何不能做到心胸开阔，成人之美呢！要知道，在你成人之美的同时，你也有了更多的机会改变命运，创造人生！

说服要层层递进，切勿急功近利

说服工作是一个长期的过程，很少有人因为别人的三言两语就改变了想法。因此，说服工作要有足够的耐心，要循循善诱，层层递进，而不要急功近利，引起他人的防备心理。否则，一旦他人关闭心门，你就很难再赢得他人的信任和尊重，也就无法再次顺利展开说服工作了。

人与动物最本质的区别，在于人是有思想有意识的。一个人之所以能够成为独立的人存在，首先要有独立思考和做出选择的能力。因此，当你面对桀骜不驯、冥顽不灵的说服对象时，千万不要盲目抱怨，因为你面对的是人，而不是对一切说服都言听计从的任何其他物种。何况，就算是动物也需要驯化呢！

一个人的观念转化是漫长的过程，这是因为每个人的认知都是不同的。这也就决定了我们在说服他人时，需要进行庞杂的工作，而不仅仅是三言两语的道理灌输。说服，往往是从交谈开始，因为语言是最直接的表达。然

而，语言却不是最快速和最卓有成效的。语言，只能起到沟通的作用。要想真正从心里打动说服对象，必须动之以情，晓之以理。首先，我们要了解对方的想法。每个人在做决定之前，一定是有初衷的，这也就是他想法形成的原因。我们只有了解他是怎么想的，才能有针对性地进行说服工作。很多人在做说服工作时总是滔滔不绝地说，根本不去倾听对方的想法，这是说服工作失败的重要原因之一。其次，接受对方的想法。也许有人会说，这说服工作是不是黑白颠倒了呀，明明是我让他接受我的想法，这会儿怎么就变成我接受他的想法了呢。没错，说服就是要接受对方的想法。试想，如果你被人说服，刚开始就被他人批驳得体无完肤，你还愿意继续听对方说下去吗？相反，如果对方一开始就对你的想法表示认可和理解，你是否就没有那么强烈的排斥和抵触心理了呢！在接受对方的想法之后，你的说服工作才能进入实质性的一步。最后，让对方了解你的想法和说服的内容。与说服对象一样，你的想法也是有原因才形成的，你应该表达自己的初衷，表现自己的诚意，然后再阐述自己的说服内容。这样一来，层层递进，你的说服工作才有可能成功。当然，说服工作肯定不会一帆风顺，否则也就不叫说服工作了。在说服过程中不管遇到什么困难，我们都应该坚持不懈，持之以恒，以足够的耐心坚持到说服任务圆满完成。这才是最后的胜利。

有个农村的小伙子，独自一人来到繁华的大都市。他走进一家商场，想要应聘成为销售员。商场经理问他："你以前做过销售吗？"小伙子点点头，说："我曾经挑着担子沿街叫卖。"商场经理觉得他很机灵，因此答应他留下来试一试。他对小伙子说："你明天就来上班吧，不过，我下班时会过去看看你的表现。"

对于这个习惯了走街串巷的小伙子来说，一天的时间显然太难熬了。尽管如此，他依然如坐针毡地等到了六点钟，这个时候商场经理如期而至。他问小伙子："你今天做成交易了吗？"小伙子点点头，说："做了一笔。""一笔？"商场经理很失望，说，"其他人每天都能做二三十笔生意。那么，你这笔生意金额是多少？"小伙子老老实实地回答："36万美元。”商场经理显然被惊呆了，问：“36万美元！？你是如何做到的呢？”小伙子娓娓道来：“有位男士为他妻子买发卡，我问他‘周末天气这么好，你有什么打算吗？’他说想去钓鱼，我就依次卖给他小中大号的钓钩，还给他配备了相应的钓线。后来，我告诉他必须去深海才能调到大鱼，景色也更好，乘坐船在大海上飘荡，会是一个特别的周末。因此，他又从我这里买了一艘船。但是，他觉得他的车无法拖动这艘船，因此，我又帮他选购了一辆新型的SUV，便于他把这艘船拖回家，放进海里。” 商场经理觉得简直难以置信，问：“一个给妻子买发卡的男士，你竟然从他这里成交了36万美元的一系列订单。”小伙子不以为意地说：“这没什么，走街串巷时我经常这么干。其实，人们需要很多东西，也乐于添置很多东西。”

这样的说服工作简直登峰造极，从发卡到船，再到新款汽车，这还不算那些零七八碎的小东西。每个看到这个故事的人，无一不被小伙子超强的说服能力折服。实际上，这个小伙子采取的正是层层递进的说服方法。试想，如果面对一个准备买发卡的客户，他上来就让对方买一艘船，再买一辆车，一定会被认为脑子有毛病。然而，他的说服工作于无形之中展开，把顾客的很多需求都挖掘出来，让其产生满足自身需求的冲动，最终达成交易。

当然，我们未必会成为这么伟大的推销员。然而，我们的生活和工作依然和说服有着密不可分的关系。不管是面对需要说服的亲人朋友同事等，还是面对一个陌生人，成熟的说服技巧都将给我们带来极大的便利。如果我们每个人都能水到渠成地说服他人，就一定能够创造属于自己的辉煌人生。

从众心理，让对手缴械投降

从众心理是一种心理学现象，指的是个人在外界人群行为的影响下，忽视自己独特的感受、知觉和判断，最终做出符合大众趋势的选择。曾经，

心理学家对从众心理展开了试验，结果证实在从众心理面前，只有极少数人能够保持特立独行，而大多数人都做出了不同程度的从众行为。这样一来，必然导致个体的独立性被湮灭，失去自己的思想和主见，变得圆滑世故。当然，从众心理并非只有坏的影响，如果把从众心理用来说服他人，也许可以使说服工作收到事半功倍的成效。其实，浅白地说，从众心理就是人们日常生活中所说的“随大溜”。细心的人会发现，生活中“随大溜”的行为表现非常明显。诸如，走在大街上，如果有人发现前方簇拥着一群人在排队买东西，那么往往也会停下脚步，加入排队的队伍中去。从某种意义上来说，这与人们潜意识的“少数服从多数”的想法不谋而合。大多数人都觉得，只要大家都去做的事情，大概都不会错。那么，如果运用这种心理说服他人，也会让我们少费口舌，使说服工作马到成功。

当然，每个人的性格都是不同的，这就决定了他们从众的程度也各不相同。通常情况下，女性比男性更容易选择从众行为；性格软弱的人比性格强硬的人更容易出现从众行为；没什么社会经验的人，往往会选择相信年长者或者是工作资历更丰富的人……不管是在生活、学习还是工作中，只要有人群的地方，都会发生从众行为。例如，在一场考试上，如果监考老师因为有事情离开了，而且没有短时间内回来的迹象，那么当大多数都打开书本照抄起来时，那些少数遵守纪律的同学也会动摇，甚至也会打开书本照抄。曾经有个电视节目，针对闯红灯现象进行拍摄调查。事实证明，在红灯路口，如果没有任何人闯红灯过马路，那么大家基本都能安分守己地等待。如果有一个人对红灯熟视无睹，横穿马路，那么马上基本在场的所有人都会跟随在他的身后，也开始闯红灯过马路。即使有一两个坚持遵守交通规则的人，也会因为路口只剩下他自己等待，而放弃原则，跟随大多数人身后闯红灯。这就是受从众心理的巨大影响。实际上，留在原地等候的人尽管显得有些死脑筋，却是正确的，完全没有必要跟随他们一起闯红灯。然而，他还是被从众心理征服，选择了随大溜行为。反过来，如果我们把如此强大的从众心理的力量用于说服他人，效果一定让我们惊喜。

娜娜大学毕业后留在上海工作，每次回家都会给家人带礼物。这次，娜娜给妈妈买了一件漂亮的红呢子大衣，作为春节的礼物。妈妈看到那鲜艳的中国红，不好意思地说："这个太红了吧，我怎么好意思穿呢！"说完，妈妈就把衣服收进了衣柜，一次也没有穿过。眼看着明天就是大年初一了，娜娜特别想让操劳了半辈子的妈妈，穿着这件漂亮的大衣走亲戚。

头一天晚上，娜娜对妈妈说："妈妈，我跟你说，上海那些老太太们今年特别流行穿红。你知道吗，我回家的路上遇到一个老太太，人家都七十多岁了，满头银发，配上红色的大衣，简直风度翩翩，漂亮极了。你看看，你只不过才五十多岁，怎么就不好意思穿红色的了呢！你没发现吗？现在是年纪越大的人越爱穿鲜艳的颜色，年轻的人反而穿素色呢！明天，我就穿着黑色的毛呢大衣，你呢，就穿这件红色的，别人一定说咱们俩是姐妹花！"在娜娜的鼓动下，妈妈也蠢蠢欲动，她说："其实，我真的挺喜欢穿红色的。我上次去上海看你，那些老人的确爱穿红的。要不，我穿上试试？我就怕人家说我。"娜娜笑着说："人家说你，也是嫉妒你。说不定，他们想穿还找不到地方买呢！我这可是给你买的最新款啊！"

第二天，妈妈果然穿上了红色的大衣，就像新年一样喜庆。她的那些好姐妹们，看到之后纷纷惊呼好看，都羡慕不已呢！

在说服妈妈穿上红色大衣的过程中，娜娜显然运用了从众效应。娜娜知道，妈妈是很爱时尚的，也很欣赏上海的老人们大胆穿衣打扮的风格。因此，当听到娜娜说上海的老太太都穿红色大衣时，妈妈不由得怦然心动。当然，她随的是上海老太太们的大溜，而变成了家里这些姐妹们领先时尚的先驱，这样的感觉当然不错。看着打扮得焕然一新、充满喜庆的妈妈，娜娜的心里也乐开了花。

在现代职场中，各种心理战术层出不穷。倘若能够在谈判中巧妙运用从众心理，就能控制对手心理于无形，为自己争取更多的胜算。这样一来，就能占据谈判的先机，让自己旗开得胜，在工作中拥有出色表现。总而言之，说服他人是需要技巧的，一味地蛮干往往不能使他人心服口服。只有让对方

从心理上产生转变，我们的说服工作才能获得根本性的成功。

巧用归谬说服，对方主动让步

谬，就是错误。所谓归谬，就是先假设对方观点正确，然后推理出明显矛盾的结果，从而得出结论，原假设不成立，让对方自觉理屈词穷。很多时候，如果我们想要说服他人，往往会采取据理力争的方式。尽管说得口干舌燥，但是对方却不为所动，依然固执已见。在这种情况下，非但使说服陷入僵局，双方剑拔弩张，而且气氛紧张，似乎弥漫着硝烟。显然，谁也不想让原本和谐的说服工作陷入僵局，甚至反目成仇。既然如此，我们不如换一种方式，找到更好的办法说服对方。

思维是双向的，既有正向思维，也有反向思维。当一个人滔滔不绝地将一些大道理，或者苦口婆心地说些打动人心的话，试图说服他人，这样的说服显然是以正向思维为导向。遗憾的是，很多时候正向思维下的说服并不能收到预期的效果，甚至使被说服对象还会因此产生逆反心理，导致事与愿违。在这种情况下，我们不如换一个角度思考问题，采取反向思维，用逆推的方式解决问题。这就像解数学题，正向思维是根据已知条件寻找答案，反向思维是根据答案寻找已知条件。那么，采取逆向思维之后，我们就没有必要千方百计地向说服对象灌输我们的大道理，可以反其道而行之，试着验证被说服对象所坚持的是错的。这样一来，对方自然就会主动改变自己，接受你的正确思路。这就是归谬说服的关键所在。

从某种意义上来说，归谬说理可以采取幽默的方式，以设置悬念的方式进行。进行这种说服，首先要掌握幽默的技巧，首先让对方在轻松愉悦的氛围中，不知不觉地进入你的思维轨迹，然后再话锋一转，来个脑筋急转弯，让对方意识到这恰恰证明了他的错误。这样一来，你再画龙点睛，说出正确

的见解，由此博得对方坦然一笑，心甘情愿地就接受了你的观点，获得皆大欢喜的结果。这样的说服除了效果很好之外，氛围也特别好。没有剑拔弩张，没有针锋相对，只有欢笑和智慧，让人在捧腹之余，不由得恍然大悟。生活中，有很多情况都可以使用归谬说理。尤其是当我们面对的说服对象非常固执，甚至钻进了牛角尖，无法正面疏通时，归谬说服的效果非常棒。

很久以前，有个美国商人去法国拓展香烟生意。在一次展销会上，美国商人尽力推销自己的香烟，并且夸夸其谈，向拥挤的人群列举了抽烟的无数好处。这时，有个老者突然走出人群，站到美国商人身边，对大家说："亲爱的朋友们，抽烟的确有很多好处。不过，这位先生少数了三条好处，下面让我来为大家一一道来。"美国商人听到老者要说抽烟的好处，而且是他遗漏的，不由得激动万分，说："对对对，大家都听听。这位老人德高望重，一看就学识渊博，一定懂得的比我们更多。"

老者清了清嗓子，说："首先，如果你害怕被狗咬，那么你一定要抽烟。只要你们细心观察，你们一定会发现，狗的鼻子是最灵敏的，只要闻到一个人身上又烟味，它马上会躲得远远的。"

人群中发出笑声，美国商人暗自窃喜，觉得自己今天一定能卖出去很多的香烟。老者继续说："其次，如果你抽烟，就连小偷也不敢光顾你们的家。最后，抽烟者都很年轻，你几乎看不到抽烟的人有非常老的。"人群中议论纷纷，大家都想不明白老者说的是什么意思。这时，商人笑着请求老者："老人家，您说的这三条好处真的非常神奇，请您给我们解释吧，我们都才疏学浅。"老者不慌不忙地说："小狗不咬抽烟的人，因为抽烟的人大多数都有肺病，不是咳嗽就是气喘，总是弯腰捂着胸口。聪明的小狗还以为抽烟的人要捡起地上的石块打它们，所以跑得飞快。小偷从来不敢去抽烟的人家里偷东西，因为抽烟的人彻夜咳嗽，小偷以为他是醒着的。"这时，台下的人群哄笑起来，美国商人冷汗直冒，恨不得马上阻止老者继续说下去。但是，显然已经晚了。老者继续说："抽烟的人中从来不见老人，因为如果一个人从年轻时开始抽烟，还没到老就已经一命呜呼了，怎么可能老呢！"

说完，老者走下台，头也不回地离开了。人群就像炸开了锅，原本买了香烟的，也都生气地扔到美国商人的身上。

事例中的这位老者，运用了归谬说服的方法，劝说众人不要抽烟。当然，因为美国商人此前已经说了抽烟的很多好处，所以老者并没有与其针锋相对，而是以隐晦的方式，先说了抽烟的“好处”，接着又解释了这些“好处”对人体造成的伤害有多么严重，最终让人主动意识到抽烟有百害而无一利。

通常情况下，人们已经听厌了抽烟的危害。因此，当老者也开始说抽烟的好处时，人们感到非常好奇，想一听究竟。这时，老者有充足的阅历缓缓道来，披露香烟对人体造成的巨大危害，直到最后发现真相，美国商人虽然懊悔不已，但是为时已晚。老者的方式让人在欢笑之余，不由得深刻反省。如果你们也想说服他人，且对方非常固执己见，不如也采取这样的方法，不但让人耳目一新，而且收效显著！

任何时候，不要强迫他人

生活中，总有些时候让我们情不自禁地想要改变他人，说服也是这种情况之一。所不同的是，有些改变是强迫他人的，有些改变则是让人心甘情愿的。成功的说服，要让别人心甘情愿地想改变，而不是被强迫。每个人都有属于自己的性格和思想，每个人的生活方式和兴趣爱好也不尽相同。这个世界之所以缤纷多彩，就是因为每个独特的个体大放异彩。就像丑和美一样，如果世界上的每个女人都长得像范冰冰，每个男人都长得像黄晓明，那么也就无所谓美和帅。同样的道理，如果每个个体都一样的循规蹈矩，整齐划一，那么世界就会变得索然无味。所以，我们要尊重每个个体。任何时候，我们都不应该强迫他人。

通常，人们在说服中最常犯的错误，就是事先设想无数个理由，目的只有一个，即驳斥对方。然而再以专家或者权威人士的口吻，不顾及对方的感受，一味地批评和指责对方，并且颐指气使地教导对方。最后，他们居然还强迫对方一定要改正自己的错误思想，接受他们的正确建议。如此一来，只怕大多数人都会产生逆反心理，根本不愿意与之交谈。聪明的人在说服他人时，首先会认可对方的观点，然后再根据实际情况做出分析，与之探讨用哪种方式能够更高效合理地解决问题。这样的方式，容易与对方产生心灵之间的交流，改变也就是自然而然发生的。

秋秋是个非常强势的姐姐，不管做什么事情，都恨不得代替妹妹思雅做出决定。思雅高考时，已经工作的秋秋从千里之外打来电话，强烈要求思雅考到她所在的城市。当时，思雅年纪比较小，从未出过远门，想到上大学也有姐姐照顾，就顺从了。后来，思雅大学毕业之后开始工作，第一次谈恋爱，就因为秋秋的反对宣告结束。原来，单纯的思雅找了一个和自己一样的外地男孩，想要一起奋斗。秋秋却说："你们全都一穷二白，将来怎么过日子啊！你必须找个本地的，这样以后才好有个照应，房子也是现成的。"遗憾的是，思雅虽然性格懦弱，但是在爱情方面却坚定不移。她没有听秋秋的话，继续与男友交往。无奈之下，秋秋只好把爸妈从老家接回来，一家人想尽办法拆散了思雅和男友。

后来，秋秋给思雅介绍了一个男朋友。这个男孩不论是相貌人品，还是工作能力，都远不及思雅的初恋男友。秋秋的理由非常充分："小张是本地人，父母都有稳定的工作，家里有两套房子。你结婚以后不用自己奋斗买房，也不用和公婆挤在一起住。每个人挣多挣少，都会生活得很惬意。"在秋秋的影响下，父母也极力劝说思雅接受这个男孩。最终，思雅同意了。然而，她一点儿也没有了初恋的幸福甜蜜。

结婚之后，思雅才发现这个男孩好吃懒做，仗着是本地人，从来不发愤图强，只想着啃老。而且，这个男孩根本就瞧不起外地人，他的父母也和他一样，根本不尊重思雅。结婚一年多之后，思雅就不堪忍受，选择了离婚。

看着如今孑然一身的思雅，秋秋不由得深深懊悔起来。她说：“唉，早知道当初我不反对你就好了。也许，你们现在正过着清贫却幸福的小日子。”

秋秋因为强势，也因为自以为是，一直在干涉思雅的事情。然而，她却不知道感情的事情关乎每个人一生的幸福，不是当事人，最好不要强迫当事人做出选择。她的错误就在于，把自己认为好的给了妹妹，却贻误了妹妹一生的幸福。说服他人就是如此，大多数承担说服工作的人都不是当事人，正因为如此，他们并无法真正了解当事人的感受，因而始终是在以局外人的身份进行说服工作。然而，偏偏很多说服者又“入戏太深”，情不自禁地就站在自己的角度代替当事人做出判断和选择，最终导致好心办坏事。

无论什么时候，说服都要以理服人，以情感人。但是，也要记住不能代替他人做出判断、选择和决定。只有合理而又中肯的建议，才能给予他人最好的帮助。否则，强迫他人接受的后果，一定是错误。即使是父母对待自己的孩子，也不能因为生养了孩子，就不尊重孩子的想法。要记住，每个生命都是独立的个体，都有权利选择和决定自己的生活。

醉翁之意不在酒的说服技巧

说服的方式有很多人，有些人喜欢直截了当、开门见山地说服他人，有些人则喜欢拐弯抹角、隐晦含蓄地说服他人，还有些人则是醉翁之意不在酒。虽然说的是这件事情，却在无形中表达了自己内心真正想要说的问题。这样的说服方式，适合那些比较隐晦的话题，或者是不太好意思直接说出口的事情。

人和人之间的关系千变万化，尤其是爱人之间，感情更是微妙。有些爱人就像朋友，不管有什么事情都能坦然交谈；有些爱人就像亲人，对于有些话题总是不好意思赤裸地交谈；还有些爱人始终相敬如宾，保持着初恋的感

觉，更是对一些需求无法明确地说出来。当然，也不乏有人担心以过于直接的方式会导致说服对象受伤害，或者难以接受，因而采取醉翁之意不在酒的说服技巧。总而言之，你不想明确说服的工作，都可以使用这样的技巧，因为聪明人总是一点即透，无须多言。

近来，姜超的工作特别忙。他是一名律师，每天都要忙着见委托人，调查取证，还要整理委托人的相关资料。细细想来，姜超居然有一个多月没有和妻子一起吃晚餐了。有一天晚上，姜超又是十点多才回到家里。也许是因为一天的工作太劳累了，他有些心烦。妻子还没睡觉，正坐在客厅昏暗的台灯下，等他。妻子问他："姜超，我可以问你一件事情吗？"姜超说："当然。"妻子问："你这么辛苦地工作，每个小时的酬劳是多少？"姜超有些厌烦，说："你闲得这么无聊，就等在这里等着问我这个问题吗？"妻子请求道："我想知道，请你告诉我吧！"姜超叹了口气，说："几十元吧。"

妻子没有吱声，不知道在想什么。过了很久，她说："你能借我二十个硬币吗？"姜超真的有点儿生气了，说："我很累，没有多余的精力陪着你做这些无聊的事情。你为什么这么自私呢，我累得连话都不想说，你却在这里用这些无聊的话题逗我。"妻子一语不发，默默地回到房间。姜超意识到自己也许太烦躁了，或许妻子真的需要二十个硬币。他走进卧室，拿出二十元钱给妻子，说："你自己明天去换硬币吧，我现在没有硬币。"妻子开心地接过钱，拿出一个储钱罐，开始数里面的硬币。

姜超很纳闷："你要这么多硬币干什么？"妻子笑着说："每当你晚上不回家吃晚饭，我就积攒一个硬币。我知道，你工作很忙，压力很大。我每存一个硬币，都伴随着一个愿望。我希望，当我一天天积攒的硬币足够买下你的一个小时。等你忙完了，我用这一个小时请你吃饭。但是，我都已经攒了八十个硬币了，你还是没忙完。所以我想，如果你愿意给我二十个硬币，我可以提前买下你的一个小时，然后请你吃饭。"听到妻子如此简单的愿望，姜超感动之余不由得深深愧疚："老婆，对不起，我太忙了，忽略了你的感受。我接受你的愿望，明天，我会在上午就处理完工作，陪伴你一整

个下午。咱们先一起去吃午饭，然后再一起去商场，给你买几条漂亮的花裙子，好吗？”妻子幸福地笑了。

不得不说，妻子之前的铺垫全都是醉翁之意不在酒。她先是问丈夫每个小时的酬劳，接着又问丈夫能不能给他二十个硬币。这一切都是为了铺垫她小小的请求，让丈夫根本没有理由拒绝。果然，丈夫非但没有拒绝她的请求，还慷慨地答应陪她吃午饭，再逛商场。由此一来，妻子心里装满了幸福，再也不孤单寂寞啦。

人只要活着，就必须在人群中生活，几乎每时每刻都要与人打交道，当然也就离不开语言。可以说，人在一生之中都离不开语言的帮助。不管是为人处世，还是人际交往，亦或者是和同事合作交流，再到与爱人亲人之间偶尔地聊天，都需要用语言进行沟通。从某种程度上来说，语言谱写了我们的人生。一个人如果能够熟练掌握语言的各项技巧，那么就能在人生的各种境遇中如鱼得水，游刃有余。相反，如果一个人说话总是惹得别人怒火中烧，那么这个人就很难融入人群，很难得到自己想要的发展。

好的口才，让一个聪明机智的人变得幽默风趣；好的口才，让原本艰难晦涩的话题变得谈笑风生；好的口才，让原本疏远的人际关系瞬间拉近；好的口才，让你至今挚爱的人忍俊不禁，破涕为笑。这就是口才的魅力。从现在开始，让我们努力练习口才吧，这一切都会因为语言的通畅而变得顺遂！

逆反心理也可称为说服的撒手锏

逆反心理是一种常见的心理学现象，其往往发生在自尊心较强、有独立个性的人身上。在生活中，人们常常为了维护尊严，因而故意违背他人的意愿，采取与他人意愿完全相反的态度言行。这就是逆反心理的表现。在儿童生长发育的过程中，逆反心理最早出现在幼儿时期，紧接着是在青春期达到

逆反的巅峰。很多青春期孩子的父母都表示非常烦恼，因为他们突然之间就不知道哪里错了，因而孩子时时刻刻与他们作对。的确，在父母心里，孩子的逆反心理就是做对的表现。因为这样的误解，父母与青春期孩子的相处总是状况百出。实际上，倘若能够正确了解逆反心理是孩子青春期心理的一种特性，那么父母也就不会这样如临大敌当前，总是神经紧张了。其实，逆反心理是很常见的，很多成人也会时常爆发逆反心理，喜欢与人对着干。只要正确疏导，切勿矫枉过正，青少年就会顺利度过叛逆期，让逆反心理逐渐回归常态。

在与孩子们斗智斗勇的过程中，父母的说服技巧也应越来越高。对处于叛逆期的孩子，聪明的父母也常常反向利用逆反心理，从而实现自己的目的。当然，举一反三，逆反心理也是可以用于说服成人的。总而言之，只要运用得当，逆反心理就会成为我们说服他人的撒手锏，尤其是针对逆反心理比较强的说服对象，很容易会配合我们达成说服的目的。当然，运用这种方法必须小心，否则一旦被说服对象识破，就完全失效。尤其注意不可常用，才能保持效果。

近来，正在读初二的明明进入了叛逆期。不管老师或者爸爸妈妈说什么，他总是不由分说地和他们对着干。而且，他有青春期的焦虑，非常反感这些师长们给他做思想工作。此时的明明，简直自以为是宇宙的中心，这让老师和爸爸妈妈都非常头疼。

这不，学校最近在报课外班。原本，妈妈想让有些近视眼的明明报名参加乒乓球班，一则可以强身健体，二则也可以利用课余时间休息眼睛。然而，妈妈很清楚，一旦由她提议报名乒乓球班，明明是一定会唱反调，强烈反对的。思来想去，妈妈决定采取一种策略，让明明乖乖地报名参加乒乓球兴趣班。

这天吃完晚饭，妈妈装作漫不经心地说："明明，听说你们学校最近在报名兴趣班啊？""是啊，你可别想安排我什么。"明明非常敏感，马上像只好斗的公鸡一样，竖起了鸡冠子，处于戒备状态。妈妈笑着说："妈妈

当然不管，妈妈只是建议。我觉得你英语不太好，不如报名参加英语班吧，这样还能提高英语的口语能力呢！”说完，妈妈看着明明脸上有了愠怒的神色，马上接着说：“这可比那个什么乒乓球班好多了，蹦蹦跳跳的，也学不到东西，还有可能摔倒受伤呢！”明明一声不吭，自顾自走了。

果然，第二天放学，明明把兴趣班报名表拿回家了，上面赫然填写着“乒乓球”的字样。妈妈心里暗暗窃喜，嘴上却说：“你这孩子，怎么跟个倔驴似的。报英语班多好啊，还省得上英语课外班了呢，这个乒乓球有什么好处啊！”明明执拗地说：“我就喜欢乒乓球，我就喜欢蹦蹦跳跳。”说完，明明就回屋做作业了，妈妈不出声地笑了。

妈妈显然很了解处于青春期的明明到底有多么叛逆，即使报名课外班，也要和妈妈拧着来。不过，聪明的妈妈恰恰是利用了他这种心理特点，激他反其道而行之报名乒乓球班。这样一来，妈妈再也不用担心明明的视力问题啦，因为橘黄色的乒乓球，对缓解孩子的视力是非常有好处的。而且，适当的体力运动还可以帮助明明放松紧张的心情，以更好的状态投入学习。妈妈们，如果你们家里恰巧也有这样一个处于青春叛逆期的孩子，不妨也试试这种方法吧。相信，只要你的演技和明明妈妈一样高超，效果一定会超出你们的想象哦!

当然，巧用逆反心理并非只对孩子有效。前文说过，很多成人也有逆反心理。有些时候，他们因为看不惯某些人某些事，所以总是与其针锋相对。在这种情况下，如果能够针对他们的逆反心理，故意让他们做与你相反的选择，他们一定会毫不犹豫地反其道而行之，走向你所期待的目标。总而言之，在做说服工作前，我们必须努力了解说服对象的心理，这样才能做到有的放矢，事半功倍。

第5章　说话诙谐幽默：慧心妙语，搞笑言辞打破冷场尴尬

培根曾经说过，交谈时，口若悬河远远没有含蓄得体可贵。的确，有些人说起话来滔滔不绝，有理有据，根本不顾他人的感受。这样的人，不值得我们尊重。相反，有些人说话时总是能够体谅他人的感受，顾及他人的颜面，让人肃然起敬。归根结底，生活中并非总是充满让人高兴的得意之事，很多时候乌云会遮蔽天空，原本谈笑风生的交流也会尴尬冷场。倘若有充满智慧的人能够说些幽默的话，打破尴尬的气氛，则能瞬间让一切都得到扭转，也不至于不知所措。幽默是一种极高的智慧，如果能在交谈中巧妙运用幽默，那么就会妙语连珠，妙趣横生，还能蕴含深刻的道理，让人丝毫不觉得沉闷乏味。

谈笑风生，才能水到渠成

如果让一位非常健谈的人说说他所经历的最糟糕的情形是什么，他一定会说，是尴尬和不知道该说什么的场面。的确，对于一个健谈的人来说，冷场的沉默简直让人难以忍受。试想，大家彼此相处，谁也不敢看谁的眼睛，只能绷住嘴巴保持沉默，但是这沉默里流淌的不是心有灵犀的默契，而是无言以对的尴尬。倘若这时有人能够说一个惹得大家欢乐开怀的笑话，那么这种冰冷的气氛马上就会消散，就像是春天温暖的手拂过冰冻的地面，很快就春暖花开。此时此刻，大家会一致称赞这个人为救世主。这就是幽默的神奇魔力。正因为如此，幽默的人才总是时时刻刻受到欢迎。

在西方国家，幽默更是被提升到很高的高度。有些人在寻找人生伴侣时，都会首先了解对方懂不懂幽默，是否具备幽默的能力。需要注意的是，这里所说的幽默和我们平日里说的小聪明截然不同，这里所说的幽默是大智慧。只有思维敏捷、学识渊博的人，才能恰到好处地运用幽默的能力，给自己和他人带去欢乐。幽默的人一定是机智聪敏的，因为他必须思维敏捷，才能顺应瞬息万变的谈话形式，说出让大家都觉得风趣的话来。幽默的人有自知之明，从来不会把快乐建立在他人的痛苦上。他们也许会自嘲，却不会随意调侃他人。幽默的人很善良，他们只想把快乐带给大家，而不想给任何人带来困扰。与幽默的人谈话是一种享受，全然没有木讷，有的只是轻松、快

乐和开怀。很多时候，人们在谈论一些重要的事情时总是故意让气氛变得更加严肃、谈话更加凝重。实际上，谈笑风生更容易让人们放松戒备，也让很多事情水到渠成。

作为南非前总统，曼德拉被授予“卡马勋章”。在参加南部非洲发展共同体首脑会议时，他正式上台接受勋章。在致辞时，他金口一开，就让台下在座的各国首脑们欢乐开怀。他站在讲台上，对着台下的首脑们说：“我已经退休了，今天却站在这个专为总统们设立的讲台上发言，我想，我抢了总统的镜头，他一定有些生气了吧！”这句自谦之词，让在场的每个人都感受到他的虚怀若谷。

等到笑声渐渐小了，曼德拉才开始正式发言。然而，也许是因为演讲稿的页数太多，他在演讲进行到一半时，居然不小心弄乱了演讲稿的页码。他一边整理演讲稿，一边漫不经心地说：“实在对不起，请求你们原谅我这个老人，我把演讲稿的次序弄乱了。但是，我知道在座有一位总统比我还尴尬，因为我知道自己弄乱了演讲稿，他却曾经按照错误的顺序照念演讲稿，始终浑然不觉。”这句诙谐幽默的话，再次让在场的首脑们发出开心的笑声。

作为一位叱咤风云的政治家，面对尴尬时刻，曼德拉表现出让人钦佩的机智、幽默。他还不惜进行自嘲，只为了给人们带来更多的欢乐。这样的风趣，就是我们本节所要讨论的幽默。正是在这样谈笑风生的演讲中，曼德拉不但顺利地完成了致辞，也赢得了在座所有人的尊敬和崇拜。身居高位者幽默，体现的是一种平等的从容；身处逆境者幽默，体现的是一种百折不挠的精神。幽默，能够使我们放松自己的心灵，也只有在纯真的心灵中，我们才能找到最本真的自我。

在现代社会，文化层次越高的人，越是注重幽默的能力。它不但是一种锦上添花的能力，而且也是一种必不可少的性格。幽默的人就好像拥有强大的吸引力，总是能够把其他人吸引到他的身边，成为他圈子里的一员。幽默不同于滑稽，滑稽是哗众取宠，幽默却更加富有内涵。幽默非常含蓄、低调，却让听到的人忍俊不禁。幽默，代表了睿智和爱。能够在幽默之中轻松愉悦的交谈，是每个人都渴望的事情。

幽默，是调节气氛的灵丹妙药

如果现在有两个交谈对象供你选择，一个是愁眉苦脸的，即使你问他十句话，他也未必回答你一句；一个是满面笑容、妙语连珠的，不管你和他说什么话题，他都能机智幽默地给予你回应，并且让你情不自禁地笑出来，那么无论你选择和哪一个交谈对象交谈？相信，所有人都会毫不犹豫地选择第二个交谈对象。因为，快乐是会感染的。我们和快乐的人在一起，自己也会变得快乐起来。同样的道理，我们和聪明幽默的人在一起，也会渐渐变得幽默。正因为这个道理，幽默的人总是人缘特别好，不管走到哪里都非常受欢迎，不管走到哪里，都可以吸引大家的眼球。

经常与人交谈的人会有一种体验，最尴尬的是冷场，或者是因为某些不愉快的话题，大家突然都缄口不言。这时，在场的人都像是在接受一种惩罚，不能说话也不能表达友好的被冰冻的惩罚。这个时候，最需幽默出现救场了。也许有人会说，居然都已经冷场了，幽默又有什么用处呢？如果说了幽默的惹人发笑的话，却没有人笑，岂不是更尴尬。当然，如果的确没有人笑，那是很尴尬，但你必须知道的是，敢于在冷场时发挥幽默的能力救场的人，往往都是幽默的高手。他们自信拥有最高超的幽默——能够在大多数人都冷眼旁观时，话一出口就成功地扭转乾坤，掐掉滋滋作响的火药引信，让欢乐重新回到大家中间。这与很多人的理解恰恰相反，大多数人都觉得在别人怒火中烧时，应该保持沉默，甚至是忍耐。换个角度来想，与其被动地忍耐，为何不主动打破坚冰呢？春暖花开，对每个人都是赏心悦目的美景和享受啊！

甲和乙是两家公司的销售人员，都是推销保险的。有段时间，甲和乙都在维持同一个客户，而且都想争取到这个客户。然而，客户在还没有想好从哪家购买保险时，突然发生了保险公司拒绝赔付的案例，并且在网上闹得沸沸扬扬。为此，客户产生了疑虑，分别询问甲和乙赔付时速问题。这时，甲说："在我们公司投保，如果发生意外，90%以上的客户都能在当天收到赔付。"听到甲的话，乙显然有些尴尬，但是他又不能明着指着甲说的话不真实，因为每个意外发生之后到理赔之间，还需要走一些核实的程序，根本做不到当天。既然甲说话如此夸张，因此乙眼睛骨碌碌一转，也笑着说："先生，我只需要说一句话您就了解我们的赔付速度了。曾经，我的一位客户不小心坠楼，我在他还没有落地时，就已经送达了赔付的支票。"

这句话简直是个冷笑话，这样的幽默让客户和甲都忍俊不禁地笑了起来，就连甲也不得不佩服乙的机智幽默。最终，客户选择了从乙手里购买保险，因为他觉得他们的相处一定会非常快乐。

对于销售人员来说，幽默简直就是打开客户心扉的金钥匙。原本，现代社会人们越来越重视消费的体验，如果能够在消费之余还享受轻松、愉悦、开心，那岂不是更好吗？就像现在的家电销售，各家公司竞争非常激烈，产品也都相差无几。很多时候，帮助客户决定购买哪家电器的，其实就是售后服务。那么，作为以人为本的服务业，如果服务人员能够在服务客户的同时，把欢声笑语也带给客户，客户当然求之不得。一个人如果妙语连珠，谈笑风生，就会对客户产生莫大的吸引力。当然，对于身居高位的人，尤其是当受万人敬仰时，如果能够恰到好处地运用幽默，就会显得平易近人，更加受人们爱戴。

幽默，是一种难得可贵的能力，也是一种非常优秀的品格。当一个人具备幽默的品质，就会给身边的人带来很多快乐，也使人感受到他的真诚和友善。尤其是当幽默运用得炉火纯青时，更是能够调节气氛，让大家由尴尬转为和谐融洽，简直是人际交往场合的制胜法宝。

妙用比喻，让交谈更生动立体

中国文化博大精深，中国汉字更是汲取了中国文化的精华。在多种多样的文学体裁中，各种表现手法层出不穷。其中，运用最为频繁的是各种修辞手法，诸如比喻、拟人、排比等，为语言增色不少。在这些修辞手法中，尤其以比喻最为常见。因为比喻的本体和喻体基本不受限制，只要拥有一定的共性，就可以相互比喻。在平实的语言中，如果能够妙用比喻，交谈就会马上变得立体生动，引人入胜。

运用比喻时，为了使比喻恰到好处，应该注意以下几点：首先，本体和喻体应该近似。所谓近似，就是指本体和喻体应该是不同的，但是又有类似的特点。其次，比喻应该尽量浅白，如果过于生涩，脱离生活，则人们很难理解，自然也就无法领会其中的精妙之处。再次，比喻不但要顾及外形，还要注意内在的精神。这样才能深入事物的本质，让比喻更进一层。最后，比喻应该恰到好处。如果一个人每句话都使用了比喻的修辞手法，那么一定让听的人感到非常累，而且很乏味。只有恰到好处的比喻，才能起到画龙点睛的作用。在了解了比喻的注意事项后，你能够灵活使用比喻了吧？

张骞是搞工程的，最近，他要出差去丽江一段时间，因为他们公司在丽江接了一个很大的项目。初步估计，张骞会在丽江逗留三个月左右。对此，妻子小敏非常担心。眼看着张骞行程在即，小敏说："老公，人家都说丽江是个充满艳遇的城市。别人去几天就有艳遇了，你居然要去三个月。我很担心，你会被别的女人抢走。"张骞笑着说："不会的，我是去工作，又不是去旅游。再说，你也要对自己有信心嘛！"

小敏还是不放心，说："哎，我还有什么信心啊。你没听人家说嘛，现在原配妻子都是培训学校，到了学满出师时，学生早不知道跑哪儿去了。"看到小敏满心担忧的样子，张骞安慰她说："你就算对自己没信心，也要对我有信心啊。你看看我长得这个样子，当初也就是你不嫌弃我，跟我在一

起。你看，我的脑袋就像是个大冬瓜，头上连几根毛也没有。哪个年轻美貌的女孩，能看上我呢！再看看我的身高，纯粹是营养不良长出来的南瓜，又矮又矬。最重要的是，我还这么黑，就像一块黑煤球，扔到煤球堆里就找不着了。放心吧，也就是你把我当块宝。”听了张骞的话，原本忧心忡忡的小敏不由得破涕为笑。她说：“好吧，你这个矮冬瓜，一定要记得家才是你的土壤啊！”

对于丽江，也许是因为太多暧昧的宣传所致，很多人都认定那是一个会发生一见钟情和艳遇的地方。因此，小敏的担心是真的。看到小敏担忧的样子，张骞巧妙地运用比喻的手法进行自损，从而达到让小敏放心的目的。这样幽默的比喻不但逗得小敏哈哈大笑，也让她紧张的心情放松下来。如此一来，小敏就没有那么焦虑了。

生活中，可以比喻的东西太多太多。我们只需要展开联想，就会发现几乎每件东西都可以拿来比喻。当你找到最合适的喻体时，你的比喻就会非常精彩，引人入胜。当然，还是需要注意凡事过犹不及。与其滥用比喻，不如多花些心思，让每个比喻都成为最经典的传承。这样一来，你才能做到字字珠玑，金口玉言啊！

当对方无礼时，不如用幽默化解

在人际交往中，我们当然会遇到很多彬彬有礼的人，他们受过良好的教育，知道尊重他人是最起码的礼貌，即使提出质疑也会考虑他人的感受。但是，我们并非总这么幸运，偶尔我们也会遇到无礼的人。每当这时，很多腼腆的人往往不知如何是好，因为与对方一样无礼，显然降低了自己的身份。如果一声不吭任由对方冒犯，则显得很怯懦。如果强硬地拒绝，但是对方却穷追猛打，则一场争吵势在必行。很多时候，我们虽然面对无礼的人，也应

该给对方留有颜面。这样一来，双方都有台阶可下，才不会僵持不下。总而言之，在这种情况下，要想既回应了对方，又不至于气氛尴尬，最好的办法就是巧用幽默化解。

在担任英国首相前，丘吉尔曾经任国会议员。当时，有个女议员一向与丘吉尔不和，总是针对丘吉尔发难。一次，她居然公然在议席上对丘吉尔叫嚣：“如果我是你老婆，我一定会把毒药放进你的咖啡里。”她的话音刚落，全场马上鸦雀无声。对于这样的公然挑衅，既有人等着看丘吉尔的笑话，也有人等着看丘吉尔作何反应，还有关心丘吉尔的人担心他如何化解。这时，丘吉尔丝毫没有表现出生气的样子，他的表情就像是对待好友的一个玩笑，他以轻松风趣的口吻说：“如果你真的是我老婆，我一定把你下毒的咖啡喝得一滴不剩！”此话一出，在场的人全都笑得前仰后合。

看完这个小故事，我们不得不为丘吉尔超凡的反应能力叫绝。丘吉尔如此幽默，是因为他的机智、聪敏，以及他强大的人格。他从来不质疑自己的强大力量，因而不管面对怎样尖酸刻薄的质疑和艰难的处境，始终能够从容做出应对。换作一个平常人，也许面对这样的挑衅免不了一场争吵。唯有丘吉尔，以子之矛，攻子之盾，奇妙地回答了问题。

朋友们，你们在生活中一定也常常遇到这样的尴尬局面。也许你们曾经毫不犹豫地和挑衅者爆发争吵，却发现最终非但无济于事，反而自取其辱，白白给围观的人多了谈资。在遇到类似于以上情形的挑衅时，不妨学学丘吉尔的顺水推舟，这样才能绵里藏针，让对手根本无以辩驳。

朋友们，生活中总有些自以为是的人，也总有些无礼取闹的人。面对他们，与其争吵，不如坦然以对。只有这样机智的幽默，才能让他们既领教了厉害，又无言以对。从现在开始，就让我们学会用幽默化解无礼吧，这样有勇有谋地对抗他人的无礼，一定会让我们显得更加有涵养有素质。

自我贬损，让大家欢乐开怀

在生活中，有的人性格开朗，积极乐观，有的人性格怯懦，消极悲观。相比起来，悲观的人总是非常自卑，不管遇到什么事情，都会把失败的原因归结在自己身上。日久天长，他们甚至产生了心理障碍，对人生失去信心和希望。举个最简单的例子来说，有个老人骑着自行车走在路上，越骑越费劲，不由得抱怨："哎呀，这个车轮怎么又亏气了"。说完，他就推着车子去附近的修车摊点充气，然后继续骑行，再也没有觉得吃力。实际上，他的自行车此前也没有亏气，只不过是他把原因归在外界。这样一来，打气之后原因就消失了，他也就能够一鼓作气地骑行。还有一个老人也骑着自行车，感到越骑越累。他一边骑一边想："哎，老了，不中用了，车子都骑不动了。"结果，他最终不得不下车，推着车子往前走，因为他觉得自己体力不支。相比较而言，第二个老人就是很善于自我贬损的。这类人把一切失败的原因都归结在自己身上，对自己越来越没有信心。从心理学的角度来说，这样的归因倾向，导致他们产生了自我损害的偏向。当然，在生活中，我们是不应该自我贬损的，尤其是不应该习惯于自我贬损。不过，倘若把这种倾向放在与人交往的背景中看，尤其是放在某一次交谈中来看，则在恰当的时机适当地进行自我贬损，反而能够让大家都觉得非常欢乐。

记得曾经有位父亲带着年幼的女儿参加同学聚会。席间，这位父亲说了自己的一件糗事，把在场的同学们逗得哈哈大笑。女儿突然哭着要回家，无论父亲怎么劝说都不愿意继续留下来。直到回到家中，父亲问女儿为什么突然想回家，女儿才哭着说："我不想让他们都笑话你！"这个场景，我们很容易就能想象到，父亲运用自我贬损的交谈技巧，逗得在场的同学们哈哈大笑。年纪尚小的女儿显然不能理解这件事情，以为那些人都在恶意地笑话爸爸，因而哭喊着要回家，实则是想保护爸爸。从这个小故事可以看出女儿的爱心，也可以看出父亲自我贬损的技巧运用得非常之成功。如果不是因为女

儿的小插曲，他一定会博得在场每个人的喜爱。是的，谁有理由拒绝一个给自己带来快乐的人呢?

在自我贬损的同时，我们还可以变相地抬高他人，无形之中也就恭维了他人。这种幽默的气氛，会让对方对你毫无戒心，当然，要想让这种技巧的效果更好，你在自我贬损时还可以故意装傻卖萌。要知道，并非人人都喜欢聪明人，即使聪明人，也更愿意和傻子打交道。

很多时候，如果一个人故作聪明，故弄玄虚，反而会导致事与愿违。千万不要觉得自我贬损是自我降低人格，要知道，往往只有聪明睿智、成熟老道的人，才能深谙自我贬损之道。甚至有时候，自我贬损不但能帮助你给大家带来快乐，也能在危急之中救你的性命呢!

伏尔泰是法国著名的哲学家，也是一个非常高明的幽默能手。1927年，英法正在交战，当时，伏尔泰正在英国旅行。被愤怒冲昏头脑的英国人，在爱国热情的鼓舞下，居然不分青红皂白，抓住了伏尔泰，准备将其处死。

得知伏尔泰即将被处以绞刑，他身在英国的朋友们闻讯赶来，想尽一切办法为他解围。“处死他，处死他，他是法国人！”在场的英国人群情激昂。伏尔泰的朋友们焦急万分，不由分说地喊道：“他没有参与战争，他只是一名学者。你们不能处死他，千万不要处死他！”“只要是法国人，都该处死！”英国人依然不依不饶。朋友们简直急坏了。

这时，伏尔泰举手示意，坦然地说：“我马上就要死了，可以把心里话说出来吗？”虽然英国人坚持要处死他，但是也不能阻止一个将死之人说几句心里话。因此，现场安静下来。伏尔泰毫不惊慌，而是真诚地给在场的观众了鞠了一躬。他放缓声调，说：“各位友好的英国朋友们，我很理解你们要处死我的心。你们想惩罚我这个法国人，但是你们这么聪明，难道没有意识到，命运让我生在法国，宛如过街老鼠一样人人喊打，这本身就是对我最大的惩罚吗？我多么希望自己是高贵的英国人，那么我一定会与你们成为最真挚的朋友。”伏尔泰话音刚落，在场的英国人全都转怒为喜，忍俊不禁地笑起来。伏尔泰真的太幽默了，英国人当场释放了他。

谁能想到，机智的幽默让伏尔泰死里逃生呢？这的确是事实。伏尔泰恰到好处地使用自我贬损的方法，表现了自己大智若愚的幽默和智慧。他用贬低自己和法国的方式，表达了不能生为英国人的遗憾，也衬托出英国人的高贵。如此一来，现场愤怒的英国人们怒气顿消，而且氛围也由紧张转为和谐。其实，不仅伏尔泰会使用自我贬损的方法幽默，著名的喜剧大师卓别林同样很善于自我贬损。他几乎每次出场表演都会故意滑稽地摔跤，让观众们情不自禁地笑得前仰后合。

如果用自我贬损的方法衬托他人的高贵，那么这样的自我贬损是值得的。尤其是在谈判或者说服他人的过程中，恰到好处的自我贬损更是能够让对方消除警惕心理，做到宽容大度。怎么样，未必英雄都是真豪杰，如果你能把自我贬损运用得非常熟练，达到调节气氛、达成目的的作用，你也就成为了真英雄！

话锋一转，结束尴尬的局面

在交谈中，我们希望自己能够主导谈话，成为他人的引导者。然而，很多时候交谈的情况瞬息万变，就像是五月的天一样，时而风雨时而晴朗。那么，当原本和谐融洽的交谈突然之间情势改变时，我们应该如何改变局面呢？这个时候，尴尬、冷场、沉默，一切情景都显得那么不合时宜。身处其中的人，甚至不知如何是好。实际上，这正是考验我们交流技巧的时候。如果能够灵机一动，掉转话锋，那么尴尬的局面也会随之改变，每个人都会感到轻松。

有个男孩，大概七八岁的年纪，久久地站在杂货店的柜台前，一动不动。他的眼神中流露出贪婪，他时不时地舔着嘴唇，原来，他正在盯着一盒打开的巧克力糖果。他有着灵敏的嗅觉，似乎已经隔着厚厚的玻璃，闻到了巧克力糖果香甜浓郁的味道。

杂货店里的店员笑着调侃他："嘿，小帅哥，你站在这里准备干什么呢？"

"没，没什么，我就是看看。"

店员继续笑着说："我看，你大概是想吃玻璃柜里的糖果吧！你是不是想趁我不注意，偷偷地拿一块呢？"

男孩抬起眼睛，看着店员，幽默地说："不，你猜错了。我是想尽量不去拿那些糖果。"他的眼睛一闪一闪的，泛出智慧的光芒。店员不禁被他逗得哈哈大笑，说："好吧，你这个小家伙非常聪明机智。这样吧，我奖励你一块巧克力糖果，希望你继续这么聪明机智。"男孩高兴地接过糖果，谢过店员之后，蹦蹦跳跳地离开了。

事例中的小男孩非常机智，在他的小心思被店员识破且遭到调侃时，他非但没有恼羞成怒地为自己辩解，反而话锋一转，承认了自己正在进行激烈的思想斗争。这样的坦白，让店员不禁也为他的真诚感动，还奖励了他一块巧克力糖。在成人的交际中，我们也不妨借鉴这位男孩的明智做法，当心思被识破时非但不辩解，反而坦诚地承认，也许这样的做法才能更让人赞许。尤其是人在职场中，同事之间的磨合、竞争对手之间的博弈，与合作方的谈判，几乎每时每刻都需要用到高超的交流技巧。唯有正确对待，才能更加坦荡从容，临危不乱。

大学毕业后，小雅进入一家电器销售公司，负责销售工作。小雅的家在农村，从小就具有吃苦耐劳的精神，为了在大城市生存下来，她下定决心一定要好好努力。然而，小雅的主管不知道为何，总是和小雅过不去，似乎怎么都看小雅不顺眼。在一次又一次被领导穿小鞋之后，小雅愤怒之余向老板递交了辞职报告。尽管老板一直对小雅很欣赏，也不明白小雅为什么与主管搞不好关系，但看到小雅去意已决，只得说："把你的工作交接给我，你就可以离开了。"

小雅平静地对老板说："不用了，我站在这里就可以和您把工作交接

完。我来公司三个月，一共积累了十二个大客户，他们都储存在我的脑子里。”说完，小雅如数家珍，把自己的客户一一向老板进行了介绍。她的介绍非常详尽，每个客户不但有基本的信息，还包括谁当过兵，谁离过婚，谁的家里有几个孩子，谁家有老人常年需要照顾等，小雅都一清二楚。后来，小雅还把即将展开推广工作的区域也告诉老总，并且打开自己的工作文件夹，把详细的推广计划也呈现给老板。老板惊讶极了，他最终的决定是辞退主管，让小雅留下升任主管。老板说：“如果一个主管连这样的销售人才都不珍惜，搞不好上下级关系，那么他已经不是一名合格的管理者了。”

在这个事例中，小雅从始至终都没有为自己辩解，只是陈述了想要离职的决心。不过，在老板同意她辞职之后，她话锋一转，开始交接工作。这样的交接，看起来是离职前的交接，实际上是小雅给老板交上的一份工作上的答卷。显而易见，小雅细致入微的工作震撼了老板，最终小雅非但没有失去工作，反而还获得了晋升。正如一首古诗里说的，山穷水复疑无路，柳暗花明又一村。这样的回环曲折，恰恰给了小雅一次最好的展现自我的机会。当然，老板也非常明智，因而最终做出了正确的决定。

人的思维往往是有惯性的，就像是心理学中的心理定式。交谈中也是如此，人们总是想当然地以为谈话会延续前面的轨迹。这种情况下，如果能够话锋一转，让人应接不暇，也许会收到意想不到的效果。从现在开始，我们每个人都应该学会机智地处理问题，而不要一味地纠缠不清，否则更容易导致事与愿违。

第6章　说话善解人意：婉转含蓄，顾及他人的心理

很多男孩都喜欢善解人意的女孩，因为她们总是能够在最短的时间内了解他人的心思，站在对方的角度考虑问题，因而很少咄咄逼人。其实，不管是男孩还是女孩，都应该学会理解和体谅他人。尤其是在人际交往中，没有人喜欢说起话来就像机关枪一样的人。作为一个有涵养的人，首先应该考虑他人的感受，顾全他人的颜面，即使真的遇到愤怒的事情，也会委婉地表达，不至于让自己的每句话都变成双刃剑。

察言观色，才能体贴入微

人的感情非常丰富，在生活中常常会因为各种各样的事情产生情绪的波动。倘若一个人的内心波涛汹涌，则他的表情一定会有变化。也许有人会说自己是属于喜怒不形于色的。然而，心理学家已经研究证实，内心的情绪必然会产生外在的表现。这是因为情绪和思维不同。思维可以纯粹保留在脑海中，而表面上看不出丝毫痕迹。情绪则不然，情绪除了调动神经系统之外，也一定会在表情上有所表现。

人的面部有那么多纤细的肌肉，这些肌肉在情绪的刺激下，产生各种微妙的运动。因此，如果你想了解一个人内心深处的真实想法，首先应该观察他们细微的表情变化。当然，人的表情有很多种，有一些表情是很容易就能读懂的。例如，皱眉代表发愁，噘嘴代表撒娇、嗔怪，嘴角上扬代表高兴等。这些表情，在我们的日常生活中很常见，能够很好地表达情绪。由此看来，只要成为有心人，多多了解这些感情的含义，我们就能很好地体察他人的情绪，洞悉他人的内心，也就能在交谈中更好地了解对方的心思，做到体贴入微。一旦你具备这样的本领，就能在人际交往中更好地了解他人，也能在交谈中避开对方的禁区，以最好的方式交流和沟通。

有个婆婆特别会和儿媳妇相处，即使说些为难的话，也总能说到儿媳妇心里去，让儿媳妇欢乐开怀。当然，这个婆婆还特别细心，在和儿媳妇相处

时察言观色，从来不说让儿媳妇生气的话。这样一来，作为世界难题的婆媳关系迎刃而解，全家都非常和睦。

前段时间，儿子考上了美国的大学攻读博士，儿媳妇也一起随行，方便照顾。眼看着儿子儿媳妇已经去美国半年了，念子心切的婆婆买了机票，也飞抵美国。看到半年未见的儿子儿媳妇，婆婆惊呼："哎呀，儿子啊，你长胖啦，妈妈还总担心你在美国吃不好呢！"她又看看媳妇，发现媳妇噘着嘴巴站在旁边，因而马上责怪儿子："你这家伙，自己长得这么胖，怎么把媳妇饿瘦了呢！你看看思思瘦的，真让人心疼。"听到婆婆的话，媳妇一时感动，居然向婆婆大倒苦水。她告诉婆婆："嘉豪特别懒惰，什么家务都不会做。他每天除了做学问，三饱一倒，什么心都不操。我一边上学，还要做家务，还得满世界买食材，做他喜欢吃的东西。"年轻的儿媳妇不知道，再开明的婆婆，也不喜欢听儿媳妇对儿子的抱怨。但是，婆婆笑着说："是啊，我养的儿子我知道。不过，他可是做对了一件事情，仅这件事情就够他享福一辈子的啦。"儿媳妇纳闷地问："什么事呢？"婆婆用赞许的眼光看着儿媳妇，说："就是娶了你这个能干的巧媳妇啊！"听到婆婆的话，儿媳妇开心地笑起来，似乎多少操劳和辛苦都像是倾刻间得到了回报。

亨利最近工作特别忙，几乎每天都要加班到深夜。好不容易才请下来婚假，他赶紧和未婚妻举办了简单的婚礼。然而，婚假一结束，他马上又进入了拼命三郎的工作状态。新婚的妻子每天晚上都等他等到睡着，又不忍心责备丈夫，因而一直默默忍耐。眼看着，这样的日子过了三个月之久，甚至把妻子的生日都忘记了。新婚妻子实在忍不住，这天晚上一直没有睡觉，而是气鼓鼓地坐在客厅的沙发上，等着亨利回家。

亨利回家之后，看到妻子面色凝重地坐在那里，心里开始暗暗想办法。妻子不耐烦地说："你加班到这么晚，就没有必要回这个旅馆睡觉了吧。我觉得你完全可以睡在办公室里，反正你也没有家。"亨利听出妻子话里有话，便好声好气地说："最近的确很忙，让你受委屈了。"妻子噘着嘴，似乎要哭出来，说："我可不是怕自己受委屈，你也知道现在过劳死的年轻人越来越多，我是担心你的身体。难道你天天加班就不累吗？！”亨利赶紧陪着笑脸对妻子说：“我当然很累，恨不得一头扎到床上睡过去。不过，我一想起你，就浑身充满了干劲。你知道吗，加班的日子简直太难熬了，你就是支撑我唯一的力量。”听到亨利的话，妻子原本紧绷的脸瞬间笑开了花。

在第一个事例中，因为善于察言观色，婆婆及时地掌握了媳妇的心理动态，所以才能体会媳妇的内心。因此，她在因为儿子长胖而高兴的同时，也能照顾到媳妇的情绪，及时为媳妇进行心理疏导，还非常慷慨地夸奖了媳妇。如果世界上的每个婆婆都这么开明，也这么会说话，那么婆媳矛盾也就不复存在了。在第二个事例中，夫妻关系的相处其实和所有人际关系一样，也会因为各种各样的生活琐事发生争吵。一旦一方对另外一方产生意见，千万不要因此而吵闹。亨利无疑是个聪明的丈夫，他了解女人的心理，也观察入微，体会到了妻子当时的情绪。因此，他非但没有因为深夜回家遭到妻子埋怨而生气，反而说妻子是自己加班唯一支撑的力量。这样一来，妻子知道自己在亨利心目中的地位，不由得转怒为喜。这就是幽默的神奇魔力。它不但能够浇灭人们心头的怒火，还能把快乐带给人们。

换位思考，一语中的

早在两千多年前，孔子就曾说过，己所不欲勿施于人。这句话的意思是说，你自己不想做的事情，也不要强迫别人去做。的确，没有人愿意在他人的强迫之中做事，同样的道理，我们也不应该强迫他人。要知道，每个人都有属于自己的人生，每个人都在面临不同的人生处境。很多时候，即使我们再怎么设身处地，也无法真正了解他人的感受。那么，唯有做到换位思考，你才能尽量体会他人。

前文说过，人际交往中语言的交流至关重要，甚至直接决定着人际关系

的融洽程度。那么，换位思考对于人与人之间的交流有什么好处呢？你一定曾经非常羡慕那些说话一语中的的人，尤其羡慕那些说话时总是能够打动人心的人。当你悲伤时，如果有个人能把话说到你的心里去，你一定会和他成为莫逆之交。那么，你是否也想成为这样一个掌握着语言神奇魔力的人呢？要想做到这一点很简单，即在说话之前多多了解他人，换位思考，站在他人的角度考虑问题，这样才能把话说到他人心里去，一语中的。

生活中，细心的人常常发现，那些一帆风顺、条件优越的人往往很难体会到别人的困境。相反，那些饱受生活的磨难、生活在社会底层、遭遇过人生困境的人，更容易了解他人的感受，也更习惯于为他人着想。这是因为高高在上者往往不了解生活的疾苦，因而也很难体谅他人。生活在社会底层的人或者生活不如意的人，自己本身就遭受了生活的很多磨难，因而在他人遇到困境时，也更容易理解和体会他人的感受。因此，他们更擅长于换位思考。这种人在生活中通常很受欢迎，和他们的交往和交流让人感觉很轻松，因为不管你说什么，他都能理解和接受，而不会给予你无情的嘲弄和讽刺。所以，这类人往往拥有好人缘，能够得到大家的喜爱。

在这条街上，有两家餐馆之间仅一墙之隔。不管是地段、店面还是菜品，都相差无几。然而，它们的生意却有着天壤之别。东家的生意特别冷清，西家的生意则红红火火，到饭点时常需要排队。对此，专门研究市场营销的李楠感到非常奇怪，决定分别去这两家餐馆吃饭，亲自体验下它们的区别。李楠首先来到了东家，点了几份炒菜，还要了一份汤。结果，青菜的分量都很大，汤也是满满一盆，价格当然也很高。当李楠对此提出意见时，餐馆的老板说："这位先生，我们的菜价的确不便宜，但是我们的分量很大啊。"后来，李楠又来到西家，照样点了几份炒菜和一份汤。结账时，价格却比旁边那家便宜了将近一半。这下子，李楠知道东家生意清淡的原因了。原来，西家的菜品分量和东家相比，大概少了三分之一，而价格却比东家少了将近一半。东家的老板要价高的原因，就是他们的菜品分量足。西家的菜馆呢，分量虽然少一些，但是价格也便宜了很多，不但性价比更高，而且可

以让客人花同样的钱，点更多品种的菜，不但不浪费，还奉行了节约原则。尤其是请别人吃饭时，如果二百块钱只能点四个菜的东家，那么显然没有花同样的钱能点十个菜的西家更有面子啊！

站在客户的角度为客户着想，花最少的钱，品尝到最多的菜，吃得更舒服惬意，让客户也更有面子，何乐而不为呢！只要是聪明的客户，肯定都会选择光顾西家。相反，东家的老板自以为聪明，一份菜给更多的分量，但是价格也翻番，如此强制把菜品推销给客户，客户当然也不是傻子，只要一比较，就立即知道哪家划算。经商之道，一定要老实本分。如果能够切实为客户着想，而不是想尽办法地算计客户，那么商家就能最终赚得口碑，也赚得良心钱。相反，算计客户的商家才是愚蠢的商家，因为他们只能赚不知情的客户的钱。一旦客户了解情况，马上就会不再光顾，反而损失更大。

在人际交往的过程中，如果能够养成换位思考的好习惯，设身处地替他人着想，则不但是一种好习惯，更是一种美德。如果我们整个社会的大多数成员都能主动为他人考虑，那么社会就会更多一份和谐美好。即使从个人的角度来说，替他人思考也能帮助我们更好地理解他人，把话说到他人心里去，从而让沟通一语中的，事半功倍。

并不是所有场合都适合开玩笑

作为一个外向且善良的人，总是希望自己能给大家带来无尽的快乐。因此，在适宜的场合，我们总是愿意开一开玩笑，让大家都欢乐开怀。然而，有的时候我们好心说了笑话，他人非但没有觉得好笑，反而还恼羞成怒，甚至跟我们翻脸。这是为什么呢？原因很简单，并非所有的场合都适合开玩笑。原本，我们处于好心，和他人开玩笑，让他人开开心，放松一下。然而，一旦我们在错误的场合开错误的玩笑，这种善意的关怀就会变成恶意

的，使对方根本不领情，还反而记恨我们。这样一来，当然就得不偿失了。那么，就从此不再开玩笑吗？当然不是。我们不能因噎废食，正确的做法是寻找合适的时机开玩笑，切勿再不顾场合地大肆开玩笑。这样一来，我们依然可以尽情享受玩笑带来的轻松欢愉，也就不会再无形之中得罪他人了。

曾经有一件让人印象深刻的事情，至今依然让我们警醒。大概在十几年前，那时候乘飞机还是频率比较少的事情，只有重要或者着急的事情，人们才会选择乘坐飞机。有一天，机场正在如往常一样进行有序的安检，这时，远远走过来一名年轻人，捧着一个小小的盒子。安检人员对他说："您好，先生，请把这个盒子打开接受安检。谢谢合作。"这个年轻人笑着说："亲爱的人民公仆，你一定猜不出这里装的是什么吧！我告诉你吧，这里是高强度炸药。怎么样……"年轻人还没说完，一旁的机场安保人员就已经如猛虎般扑过来，并且将其压倒在地。安保人员拿过盒子，并不敢贸然打开，尽管年轻人再三解释自己是在开玩笑，但是他们依然停止了一切航班，紧急调来专业的拆弹人员，进行炸弹拆除。最终，拆弹人员小心翼翼地打开盒子发现，里面只是一小瓶香水。此时，无数乘客滞留在机场，焦急不安地等待着。这名年轻人呢，不但误了航班，还触犯了法律，妨害公共安全。对此，他虽然懊悔不已，却依然要接受法律的制裁。即使悔青了肠子，也无济于事。这名年轻人，就是典型的不分场合开错误的玩笑，结果给国家和他人都造成了巨大损失，也给自己的人生开了个大大的玩笑。

从这个小小的事例中我们不难看出，不分场合开错误的玩笑的严重后果。其实，不仅仅是在公共场合不合时宜地开玩笑会造成严重后果，即使是在日常生活中，我们也要注意有分寸地开玩笑，尤其是要注意场合。否则，如果因为一个玩笑，和原本关系密切的朋友、同事反目成仇，那也太遗憾了。

李刚进入公司三年多了，算是老员工了。最近，他们部门从分公司调来了一个新同事。这个新同事是一名三十多岁的女性，已经结婚成家了。她叫魏丽，因此大家平日里都称呼她"魏姐"。年底了，公司如期举办年会，

要求女士必须穿晚礼服，男士要绅士装扮，以便在舞会上尽情舞一曲。对于那些工作不久的年轻人来说，这样盛大的场面还是第一次经历。因此，他们早早地就到达酒店宴会厅，喝茶聊天，说些八卦的话题。魏姐因为家里有孩子，一直到年会还有十分钟开场时，才姗姗来迟。

正好站在靠近门口位置的李刚，看到平日里衣着朴素的魏姐盛装打扮，一席红色的晚礼服，衬托得她仿佛大明星一样，不由得脱口而出："魏姐，你今晚可真像新娘子。"不想，李刚话音刚落，魏姐就变了脸色。她马上质疑李刚："新娘子？你会不会说话啊，不会说话就别说。我是有家有丈夫有孩子的人了，我像个新娘子，难道我老公死了？还是我离婚了？你这么诅咒别人，有什么好处啊？！"李刚被魏姐一通抢白，不由得面红耳赤，一时之间也不知道该说什么好。旁边的人见势不妙，赶紧让李刚走开了，还有女同事则小声劝说魏姐不要生气，说李刚年轻不会说话什么的。很久，魏姐才止住愤怒，但是年会已经过半了。她没有心情用餐和参加舞会，扫兴地离开了。

尽管李刚后来又给魏姐正式道歉了，但是从那以后，魏姐对李刚总是心怀芥蒂。无奈之下，李刚只好申请调到销售部门，避免和魏姐低头不见抬头见的，彼此都觉得尴尬。

在这个事例中，李刚原本只是想和魏姐开玩笑。不想，平日里衣着朴素的魏姐，穿着晚礼服原本就觉得不好意思，又被李刚一说，还以为李刚是故意挖苦讽刺她呢，因而勃然大怒，反应过激。其实，对于年轻的李刚来说，原本就应该尊重已经成家的魏姐，不要轻易与其开玩笑。尤其是，当时是在年会上，几乎全公司员工都在场，影响更是恶劣。倘若李刚能够开个轻松点儿的玩笑，不要这么突兀，也许事情就不会这么糟糕了。

朋友们，你们在生活中是否也经常和身边的人开玩笑呢？有了李刚的经历作为教训，我们每个人在开玩笑时都应该注意时间和场合，不要为了逞一时口舌之快，却惹得他人不高兴，那就得不偿失了。而且，开玩笑也要分人。有些人天生一本正经，即使别人和他们开玩笑，他们也会当真。对于这样的人，开玩笑一定要慎之又慎，非必要情况下最好不要与他们开玩笑，从

而避免出现尴尬。

安慰和建议要中肯实用

现代社会，生活压力越来越大，工作节奏越来越快，人们彼此之间的交往除非必须，已经极大程度地减少。在这样的情况下，人情也变得越来越淡漠。如果我们有幸拥有真心相爱的爱人，拥有志同道合、不离不弃的朋友，那么一定要非常珍惜。尤其是在职场上，在竞争比较强的行业，很多同事之间钩心斗角，面和心不和。毫无疑问，这样的生活让无数人感到窒息。相比起几十年前，同一个单位的同事，一家有难，家家支援，而如今，简直人心不古。虽然如此，我们却不能放弃。归根结底，人活着，是因为感情，因为爱，而不是因为金钱、物质、名利和权势。认识到这一点之后，我们应该努力地爱和帮助他人，营造良好的生活和工作氛围，这样才能渐渐改变大的环境，为自己创造一个充满有爱的生活圈子。

人和人之间，只有真情能够打动彼此的心。通常情况下，如果你想要安慰一个人，一定不要敷衍了事。因为当你说出那些空泛的话时，对方一定会感知到你是否付出了真心。从这个角度来看，那些毫无意义的空话大话，根本无法打动人心，也是无用的。相反，假如你们真的发自内心地想要安慰一个人，有的时候未必需要说多少话，可能一个眼神就能传达情谊。即使说话，也会说些细致入微的话来表达情意，而不会说些空话大话。举例而言，每个母亲都是最爱孩子的。当孩子生病了，母亲不会告诉孩子“人生病是自然规律，没关系”，而是端茶递水地照顾孩子，安慰孩子：“你要按时吃药，才能强身健体。”这些不同的话中，往往蕴含着不同程度的感情，敏感的心一定会觉察到。在朋友之间，当朋友遇难时，如果你只会在一旁说“我完全理解你的感受”“我知道你很难过，但是你要坚强”等诸如此类的话，

那么朋友就会知道他对你无关紧要。如果面对一个特别要好的朋友睡懒觉，你也许会训斥他：“别再睡觉了，赶紧起床跟我去跑步。你继续睡下去，都成睡美人了。跑完步回来，我给你煮饺子，饱饱地吃上一顿。”或者，如果对方遇到难题，你也会费尽心思地帮其想办法，尽量给予其合理的建议，帮助他解决问题。这才是真正的朋友间的关心和分担。这些话，才能真正打动他人的心，温暖他人的心。

苗苗和慧娟是同事，也因为性格相投，成了朋友。有段时间，苗苗的妈妈因为车祸，意外丧生，苗苗沉浸在失去母亲的痛苦中，简直痛不欲生。同事们知道后，纷纷安慰苗苗节哀顺变，慧娟也和苗苗说：“苗苗，我知道你一定很痛苦。我理解你的感受，每个人都最爱自己的妈妈。你要控制自己，毕竟，妈妈在天堂一定希望看到你好好的。”接连几日，尽管慧娟时常安慰苗苗，却依然是翻来覆去的这么几句话。后来，得知苗苗遇到了这么沉重的打击，她远在外地的好友乔乔赶到苗苗所在的城市，对心力憔悴的苗苗说：“走吧，跟我走！”说完，乔乔就拉起苗苗，把她带到了一家饭店。

乔乔点了苗苗最爱吃的回锅肉、小炒肉、水煮鱼、毛血旺等。看着一大桌子菜，苗苗眼眶湿润了，说：“乔乔，你和妈妈一样了解我。但是，她再也吃不到这些东西啦。”说完，苗苗大哭起来。乔乔一声不吭，就那样默默地拥抱着苗苗，让她哭了个够。然后，乔乔说：“好了，你哭也哭完了，现在吃饭。吃完了，要是想哭，就再继续哭。妈妈走了，不哭个天昏地暗，怎么能走得出来呢！我就陪着你，直到你哭够为止。”乔乔的这句话，让好不容易止住眼泪的苗苗再次潸然泪下。最终，她在乔乔的劝说下吃了很多东西。她知道，这是妈妈最高兴看到的。

为了帮助苗苗走出困境，乔乔给她报名参加了函授本科课程。乔乔说：“妈妈在的时候，就一直想让你考个本科文凭。现在考也不晚，等拿到文凭了，去和妈妈说一声。从现在开始，你要为妈妈好好活着，好好享受人生。这样，你才对得起妈妈一生含辛茹苦地把你养大。”乔乔整整陪伴了苗苗一个星期，才离开。果然，苗苗调整了情绪，尽管依然思念妈妈，却知道不能

伤害自己，否则妈妈一定会伤心。让慧娟疑惑的是，从那以后，苗苗和她的关系似乎疏远了。她们之间的交往仅限于普通同事，苗苗似乎再也不把她当好朋友了。

尽管苗苗伤心欲绝，她也知道慧娟安慰她的话都是泛泛之词。她既可以把这些话说给苗苗听，也可以说给其他任何一个人听，是根本无须经过思考的客套话。这件事情让苗苗知道了自己在慧娟心目中的分量，她告诉自己，她不再需要虚伪的朋友。她宁愿慧娟作为一个普通同事和她说那些客套的安慰话，她反而会感激不尽。

人心，是有温度的。当心贴着心的时候，我们很容易就能感受到外界的温度。就像人们常说的那样，人心是掺不得任何假的。只有真心才能与真心相对，虚情假意只会毫无收获。尤其是与我们至亲至爱的人在一起，我们更要多付出一些，才能得到对方真诚的回馈。

适当满足对方的“虚荣心”

每个人都有虚荣心，只不过，有些人能够控制住自己的虚荣心，不被虚荣心捆绑；有些人在虚荣心的奴役下生活，总是被虚荣心牵着鼻子走，最终失去自我。通常情况下，当说一个成人虚荣心特别强时，往往带着一些贬义。当说一个小孩子虚荣心很强时，则说明那个孩子上进心很强。对于孩子而言，他们的虚荣心无非就是想获得更多的进步，想得到父母或者老师的称赞，也想得到小伙伴们的羡慕。实际上，偶尔，成人的虚荣心也会表现出孩子的特点。在这种情况下，如果能够适当满足成人的虚荣心，也许就能顺利征服他，让他对你心服口服，从而理智地采纳你的意见或者建议。

现代社会物质极大丰富，生活水平越来越高，因而，人们的欲望也越来越多。现实生活中，几乎一切的东西都可以拿来攀比，诸如孩子的学习成绩、老公的身高、公婆的收入、房子的大小等，这些都成了满足人们虚荣心的筹码，不停地在天平上出现。正因为这样频繁地比较，很多原本是朋友的人，因为生活得不如意，渐渐疏远了对方，把自己囚禁在狭小的空间内。还有些人，在攀比的过程中互不相让，最终反目成仇。不得不说，当友谊因为被虚荣心所驾驭而失去航向，最终触礁，简直太遗憾了。如果你面对的交谈对象也恰巧是一个虚荣心很强的人，如果对自己又没有什么实质损害，为什么非要与其针锋相对呢。假如你能适当迎合对方，适当满足对方的虚荣心，也许很多难题就会迎刃而解，对方也会更加信任你，信服你。

张娜是一家汽车公司的销售人员。这天，她接待了一个看车的顾客。这位顾客40岁左右，是一名女性，穿着非常普通。经过一番闲谈，张娜得知这位顾客是一名家庭妇女，每日就负责在家做做家务，练练瑜伽，倒也逍遥自在。得知顾客姓董，张娜便称呼她为董姐。

董姐初次过来看车，只是匆匆走马观花，就走了。没过多久，张娜打电话给她进行回访，她漫不经心地说："哎哟，你是小张啊。你看，我这几天忙着在做美容，逛商场，你要是不给我打电话，我都把买车的事情忘记了。"原本，张娜很想说："你的心也太大了，买车居然还会忘记。"但是，她一想到顾客是全职家庭主妇，平日里一定很少有机会实现自我价值，而且也非常孤独寂寞。因此，张娜咽下了这原本要说的话，以温和的声音回应道："董姐，没关系的，你什么时候有空就过来，提前告诉我，我一定等着你。"直到半个月之后，董姐才又带着几个女性朋友来到汽车公司，而且也没有提前通知张娜。得知董姐到了，原本休息的张娜临时打车赶到单位，热情接待董姐和她的朋友们。董姐对朋友们说："这就是小张，我和你们说过的。她服务态度特别好，你们要是买车，都来找她。"说完，董姐又装腔作势地对张娜说："小张，你可别小看我这些朋友，她们个个都是富婆。"张娜笑着说："董姐，您就算不说，我也不敢怠慢啊。我第一次见您，就觉得您气质高雅，料定不是凡人。果然，今天再看您这些朋友，每个人都是那么不同凡响。您放心吧，我一定竭诚为每一位姐姐服务。"张娜的话让董姐

开心极了，她和姐妹们在张娜的接待下，看了几款车，又离开了。

没过几天，董姐就给张娜打电话，说要来交钱定车。原本对董姐觉得希望渺茫的张娜，感到非常意外。后来，董姐才对张娜说："小张，你是我见到的最有涵养的销售员，而且很捧我的面子。尤其是我上次带朋友来的时候，她们都说我运气好，遇到你这样像朋友一样的销售。你不知道，我去好几家汽车销售公司看过车，那些销售员不是对人爱搭不理，就是说话阴阳怪气。你放心吧，以后只要是我认识的人买车，我都介绍给你。"张娜很清楚，她之所以能够赢得董姐的认可，就是因为她始终真诚地为董姐服务，而且还顺便满足了董姐小小的虚荣心。

在这个事例中，董姐就是典型的家庭妇女。虽然有点儿钱，但是也算不上富太太，又因为虚荣心强，总想得到别人的吹捧。殊不知，如今的很多销售人员也是很有辨识能力的，尤其是销售汽车的销售人员，常常和有钱人打交道，不管自己有钱没钱，他们把一般的有钱人还不放在眼里呢。这也是董姐看车时处处碰壁的原因。幸好，张娜按捺住自己的冲动，始终保持礼貌和理智地与董姐交流，最终在给足董姐面子之后，赢得了董姐的心。

朋友们，我们在生活中一定也经常遇到有虚荣心的人，而且难免还会需要和他们打交道。实际上，虚荣心并非像我们想的那样罪大恶极，而是人心理上的一种正常需求。人，总是需要心理平衡的。尤其是对于很多心理空虚的人来说，当虚荣心得到满足，心理也就获得了平衡。这么说来，你们一定知道如何和虚荣心强的人打交道了吧！如果满足他人的虚荣心并不会让我们有很大的损失，我们为何不做个顺水人情，让大家皆大欢喜呢！

宽和平静的话语最神奇

生活中总会遇到各种各样的意外发生，这些意外之中，有的是惊吓，有

的是惊喜。面对惊喜，每个人也许还能承受，但是面对惊吓，尤其是突然降临的天灾人祸，只怕人们脆弱的心灵就很难承受了。这个时候，往往需要爱人、亲人、朋友等给予最真切的安慰，才能帮助我们尽快从惊吓、悲痛中解脱出来，继续勇往直前。

不管面对怎样的挫折，平静都是最该选择的态度。也许在灾难或者惊吓刚刚降临时，我们会情不自禁地悲伤、绝望，然而，时间是治愈创伤的最好方式。当时间流转，光阴荏苒，你会渐渐地恢复平静，在平静中独自舔舐伤口。当然，最幸运的是莫过于在有灾难发生，有至亲至爱的人守护在我们的身边。他们平静宽和的话语，会给予我们最神奇的安慰，帮助我们从灾难中缓过来，慢慢疗伤。

然而，现实生活中，有些人在安慰他人时，总是比当事人更加情绪激动，并且美其名曰帮助当事人发泄情绪。殊不知，这样的帮助非但不能使当事人感到安慰，帮助他们抚平创伤，反而只会让他们的情绪更加激动，甚至失控。这样的情形，显然没有人愿意看到。真正明智的做法，是在他人激动或者悲痛欲绝时，能够保持冷静，或者给予对方一个温暖的拥抱，或者给予对方一双默默倾听的耳朵，或者给予对方理解的眼神……诸如此类的安静之举，都能尽快帮助对方恢复理智和冷静。任何时候，冲动只会使事情变得更糟糕，否则人们也不会说冲动是魔鬼了。只有冷静和理智，才能让我们彻底解决问题。那么，作为安慰他人的人，最好的语言应该是宽和平静的。情绪是有感染力的。当你足够冷静地面对一个激动不安的人，他也会受到感染，渐渐安静下来。如果再辅以平静的话语，对方则更容易恢复理智，不再慌乱。

在一次车祸中，刚刚复员回家的海星失去了双腿。对于一个二十出头、生命的画卷才刚刚展开的年轻人而言，这无疑是致命的打击。整整昏迷了三天，海星才醒过来。他还没有意识到自己已失去了双腿，直到他尝试着坐起来。然而，他感觉不到双腿的存在。在摸不到双腿的那一刻，他恍若遭遇晴天霹雳，整个人都垮掉了。他发疯一般地摔打东西，恨不得把自己也从床上

摔打到地上。总之，一切都变得太糟糕了。妈妈守着他，哭得撕心裂肺，就像天塌了。看着妈妈崩溃的样子，海星想到了死。妈妈的哭也让他更加发狂，是的，一切全完了。最终，还是赶来的大哥喊了一声，叫医生过来给他打了镇静剂，他才恢复平静。

事后，大哥严肃批评了妈妈。大哥对妈妈说："妈，我知道您很心疼海星。但是，现在这样的时刻，您千万不能在海星面前表现出失控的样子。否则，海星就很难熬过这一关了。"妈妈听从了大儿子的建议，再次出现在海星面前时，她平静了许多。对于海星的沉默，妈妈说："儿子，人这一辈子不可能凡事都一帆风顺。人有旦夕祸福，这都是命。你放心吧，妈妈就算砸锅卖铁，也会给你安装假肢的。医生都说了，安装假肢之后行走基本和正常人差不多。你只要活着，比什么都好。"海星依然一声不吭，陷入了无边的沉默。妈妈就这样陪伴着海星，每隔一段时间，就和海星说些宽慰的话。妈妈那么平静，让海星也不知不觉间接受了这个事实。如今的海星，只希望自己尽快恢复体能，装上假肢，那么就依然可以实现自己的梦想，开拓自己的人生。

因为妈妈的歇斯底里，海星的情绪彻底失控，甚至想到结束生命。幸好大哥及时赶来，让医生给海星注射了镇静剂，海星才暂时恢复平静。在大哥的劝说下，妈妈不再那么情绪失控地面对海星。最终，妈妈的平静与接纳，也给予了海星活下去的勇气。

事情就是这样，在我们毫无预料的时候，灾难就没有任何征兆地发生了。对于这样的事情，我们只能接受，否则，越排斥就越痛苦。没有谁的人生是完美的，就像这个世界上不曾存在过任何一片完美的树叶，更何况是瞬息万变的人生呢？！当我们遭遇坎坷和困境，唯一能帮助我们渡过难关的，就是时间。就让时间在平静中流淌，成为修复创伤的良药吧。一切，都终将成为历史。

第7章　说话张弛有度：言语婉转，把控好交流的和谐气氛

凡事都有度，过犹不及。说话也是如此。在交谈中，如果能够做到张弛有度，把握好交流的节奏，调节好交流的气氛，那么就能够更加和谐，事半功倍。那么，如何做到张弛有度地交谈呢？这就需要我们拥有一颗敏感体贴入微的心，还能够多多站在他人角度思考问题，体会他人的感受。总而言之，只有用心交流，用爱交融，谈话才能和谐愉快。

相声都逗哏，说话有应和

喜欢听相声的人都知道，在对口相声中，有逗哏和捧哏的角色扮演。所谓逗哏，就是在相声演出中占据主导地位，不停地说出让人发笑的话题或者故事情节，主导对口的节奏，把控对口的气氛，从而嗨翻全场。和逗哏相对应的，就是捧哏。所谓捧哏，顾名思义，就是配合逗哏的人，让观众们忍俊不禁，哈哈大笑。捧哏主要是配合逗哏，起到烘托、铺垫的作用。只有捧哏发挥到位，逗哏才能更好地发挥。因此，虽然捧哏从戏分上来说没有逗哏重要，但是两者却是相辅相成，互为铺陈。一场成功的相声演出，必须逗哏和捧哏密切配合，心有灵犀，才能组成诸多包袱，抖出更多笑料，让观众朋友们不停地欢乐开怀。

无论我们是不是相声爱好者，我们都应该学习相声中逗哏和捧哏的交流技巧。归根结底，生活中的每个人都离不开语言的交流。只有会说话，把话说好，人际交往才会更加顺畅。尤其是在现代社会，不管你是家庭煮夫或家庭主妇，还是职场人士，都离不开和人打交道。举个最简单的例子，作为母亲，与孩子交流也需要技巧，与爱人沟通也需要调节气氛。包括和父母之间，也只有沟通到位，感情才能更深厚。其实，在日常交流中，普通人也可以使用逗哏和捧哏的技巧。尤其是在和朋友们一起轻松相处时，逗哏和捧哏更容易让大家捧腹大笑，欢声笑语不断。在日常生活中，虽然我们无须使用

逗哏和捧哏，但是在和人交流时，应该学会尊重他人，做出恰到好处的回应。如果你有这样的体验，你一定知道及时回应他人有多么重要。当你和他人说话时，对方明明听到了你的话却置若罔闻，这让你感到受到侮辱，感到屈辱和愤怒。的确，被他人忽视或者藐视，是一种非常不愉快体验。既然如此，在人际交往中，我们一定要及时回应他人的话，即使不是提问，也应该给予恰当的反应。这样既是尊重他人，也是尊重自己。

这天晚上，乔治在家里举行了一次聚会。他要好的朋友、同学、同事等，全都欢聚一堂。在一个小圈子里，乔治正与大家海阔天空地聊天。这时，妻子莉莉走过来，对乔治说："亲爱的，厨师要下班了。"原来，为了这次聚会，不擅长厨艺的莉莉特意聘请了一位厨师，来负责整场聚餐的饮食。现在，时间也越来越晚了，厨师看到客人酒足饭饱，想要结束工作，下班回家。不想，乔治正在兴头上，虽然听到了莉莉的话，却不免觉得扫兴，因而只看了莉莉一眼，就再也没理会莉莉。莉莉说完话站在那里，许久没有等到回应，不由得怒火中烧。

她走上前去，站在乔治面前，大声喊道："厨师要下班啦！"乔治看到莉莉愤怒的样子，觉得在朋友面前丢了面子，不由得也气愤地喊起来："你这个蠢女人，没看到我正在说话呢嘛！"就这样，莉莉和乔治大吵一架，参加聚会的朋友们都觉得很尴尬。原本尽兴的聚会，因为最后的这点不愉快，最终留下了遗憾。事后，乔治思来想去，觉得是因为自己刻意忽视莉莉，才导致莉莉恼羞成怒的。因而，他主动向莉莉表示歉意，莉莉却很久以后才原谅他。

在朋友们欢聚一堂的场合，作为主人的乔治和莉莉，却没有处理好交流的小问题。尤其是乔治，既然莉莉已经当着大家的面和他说话了，他再置若罔闻的确很不合适。莉莉呢，在一气之下朝着乔治大吼大叫，也丢了乔治的面子。这样的夫妻之间，交流起来只怕经常会发生摩擦和碰撞。中国有句古话，人前不训妻。其实，夫妻之间彼此都应该给予对方足够的尊重，尤其是在人多的公共场合。假如乔治和莉莉能够早一点认识到这个道理，彼此都给对方留面子，及时对对方的话做出回应，那么这次聚会一定会更加完美。

不得不提的是，在现代的家庭经常发生的一些现象，即家庭冷暴力。如今，很多家庭成员都是有知识有文化的人。在彼此意见不一致时，他们不再像父母那一代人一样歇斯底里地吵架，而是选择沉默。或者丈夫不理妻子，或者妻子不理丈夫，彼此互不搭理。然而，不在沉默中死亡，就在沉默中爆发。他们的沉默，恰恰导致彼此的矛盾被无言的现状掩饰起来，最终甚至不断恶化。聪明的做法是，夫妻之间产生问题之后，应该积极沟通，这样才能及时解决问题，让事情局势扭转，不再恶化。家庭冷暴力对家庭成员的压抑和伤害是不可估量的，只有采取正确积极的方式应对，才能以最好的方式解决问题。

朋友们，每个人都希望得到他人的重视和尊重。不管是在生活中，还是在职场上，当他人主动与你说话时，你一定要讲究分寸，及时给与回应。唯有如此，你才能拥有好人缘，成为受人欢迎的人。

适当刺激，让对方激情澎湃

从某个角度来说，谈话不仅仅是双向的沟通，而且是一种表现自我的方式。在与人交谈的过程中，我们总是会发表自己对某些事情或者某些人物的看法，兴致高的人还会侃侃而谈。的确，很多时候，人们除了察言观色，观察一个人的外表和相貌，还会从他的言谈举止中了解他的思想和见解。很多东西都可以掩饰，唯有语言，不可能长久地掩饰。只要我们拥有足够的耐心，就总能从长期交往中，了解一个人的脾气禀性。当然，谈话也不仅仅是表现自我的方式，人们之所以在谈话中畅所欲言，正是为了与谈话对象交换信息，分享自己的独特见解，也参考他人的意见或者建议。从这个意义上来说，谈话具有两面性，一面是输入，一面是输出。直白地说，就是给予和收获。

让人兴味盎然的谈话，必然是非常生动且深入的谈话。如果交谈双方都觉得交流让人兴味索然，谈话也就不会继续下去。唯有深入，唯有进入内心，谈话才会持久而亢奋。实际上，谈话往往并非顺其自然的行为，而是有谋划的行动。在谈话中，如果你能够扮演主导者的角色，担任谈话的引领者，并且能够在谈话低潮时给予恰当的刺激，那么就能刺激对方，使其激情澎湃。经常看访谈类节目的人会发现，访谈类节目的主持人都是非常机智的人。在采访形形色色的人时，他们总是能够恰到好处地提出问题，引导谈话的方向，把控谈话的节奏，调节谈话的氛围。有的时候，嘉宾明明不太愿意表达，但是在主持人含有高超技巧的提问下，最终打开心扉，侃侃而谈。这样的访谈节目，往往是有深度的，能够挖掘出不同身份的嘉宾内心深处的思想和见解。其实，不仅仅作为访谈类节目的主持人可以使用这个交流技巧，作为普通人，当我们想与交谈对象进行深度交流时，也同样可以使用这样的技巧。不过，前提是你要非常了解交谈对象，也知道能够让他感兴趣的话题是什么。

在电视节目中，我们经常看到一些犯罪分子在被抓住之后，总是拒不认罪，缄口不言。那些深谙罪犯心理的刑侦专家们，除了对其展开心理攻势之外，总能找到能够刺激罪犯的心理弱点，迫使他们心理防线崩溃，从而全面坦白。这些心理弱点，或者是他们惦念的老人孩子，或者是他们未完成的心愿。总而言之，是能够打动他们心灵的话题。在日常生活中，我们除了和他人一对一的交流之外，也时常与很多人以沙龙的形式座谈。或者是在工作场合，需要大家各抒己见时，每个人都应该踊跃表达自己的想法。这时，适当的刺激同样必不可少。试想，一场索然无味的谈话和一场兴高采烈的谈话，相比起来，你更喜欢哪一场。不可否认，谈话是需要氛围的。在良好的谈话氛围下，当身边的每个人都各抒己见，那么即使有一两个懒于表达的人，也一定会被感染，变得兴致高昂。这就达到了刺激的目的。

啾啾是个特别内向的小姑娘，她总是非常腼腆。在幼儿园里，每当老师提问，她都很少主动回答。即使老师问到她，她也会羞羞答答地低着头，半

天不吱声。后来，老师专门就这个问题和啾啾妈妈进行了交流，妈妈决定配合老师，经常刺激啾啾勇敢表达自己，勇于回答问题。

这个周末，妈妈特意请了好几个与啾啾平时在一起玩的小朋友回家，举行讲故事比赛。妈妈还精心准备了一些奖品，奖励表现好的小朋友。刚开始时，啾啾一声不吭，小眼睛滴溜溜地转，听其他小朋友讲故事。他们讲的故事，有的是从故事书上听来的，有的是自己出去玩时的亲身经历。在豆豆小朋友讲完去迪斯尼乐园玩的故事后，作为主持人的妈妈兴奋地对啾啾说："啾啾小朋友，我记得你有一件从迪斯尼带来的玩具哦，可以展示给大家看看吗？"听说玩具，啾啾马上去房间，很快就抱出来一个米老鼠的玩偶。小朋友们羡慕极了，纷纷抢着看。这时，妈妈趁热打铁，说："当时，我们买这个玩偶还花了很大的力气呢！接下来，请啾啾小朋友给我们讲一讲，好不好？"在小朋友的掌声中，啾啾小声地讲起了买玩具的故事。她越讲越开心，再加上有小朋友问到细节问题，她再解释，居然讲了十分钟。妈妈看着嘀嗒行走的分针，高兴极了。从此之后，每到周末有空闲时，妈妈就会举办这样的小聚会，培养啾啾的胆量，激起她谈话的兴致。果然，半年之后，那个胆小内向的啾啾不见了，现在的啾啾时常抢着说话呢！

在这个事例中，啾啾刚开始时的性格是非常内向的。实际上，她的思维活动还是非常丰富的，只不过羞于表达而已。因此，妈妈要做的就是为啾啾营造合适的良好的氛围，让她迫不及待地想要表达自己。最终，妈妈的良苦用心大获成功，啾啾真的变得勇敢、健谈。

朋友们，你们是否也时常想要探究一个人的内心世界，但是因为对方沉默寡言而无法实现呢？其实，每个人都有欲望表达自己，只是他们没有找到合适的机会和场合而已。在大家畅所欲言的谈话氛围中，人们往往更愿意坦露自己的内心。甚至，在成人的世界里，有些时候为了了解他人的内心深处，人们还会故意喝点儿酒，让对方更加放松和坦然。总而言之，不管采取怎样的方式，恰到好处的刺激在谈话中是很有必要的。就像是一个故事总是有开头、过程和结果一样，谈话也是有高潮的。在聪明人的主导下，谈话的

高潮一定会如期而至，而且还会持续很长的时间。只要把握住这个机会洞察他人的内心，你一定会如愿以偿，收获多多。当然，需要注意的是，这并不是阴谋，而只是有规划的交流。

何不成为谈话的DJ呢

在歌厅或者酒吧中，很多朋友都曾有过蹦迪的经历。尤其是在压力太大时，轻松地蹦迪，忘我地摇摆，跟随DJ的节奏幸福跳跃身体，简直是最彻底的放松。在震耳欲聋的音乐声中，在忘却尘世的喧嚣中，在浑身的淋漓大汗中，似乎心灵也经历了一次沐浴，洗去无尽的压力。毫无疑问，拥有一次酣畅淋漓的震撼之旅，DJ是全场的灵魂人物。明明耳膜似乎都要被震破，但是我们却依然情不自禁地跟随DJ的节奏，忘我地疯狂玩乐。在此时此刻，我们一定非常崇拜震撼全场的DJ。其实，不仅仅是在歌厅或者酒吧里需要DJ，即使是在交谈中，如果有人能够充当DJ的角色引领全场，也将会是非常难忘的体验。

很多时候，若干人聚集在一起交谈时，如果不是有计划地谈判，而是漫无目的地闲谈，诸如在聚会上，在年会上，则常常会出现群龙无首的局面。人们有一搭没一搭地聊着，打发着漫长的光阴。在这个时候，如果你能挺身而出，引导大家交谈的方向，那么一定会给每个人都留下深刻的印象。现代社会，人们几乎无时无刻不在推销自己。倘若能够抓住这个机会把自己推销出去，那可就是无心插柳柳成荫了。其实，要想引导谈话的方向，成为谈话的DJ，只要有心，还是很容易实现的。例如，在观察大家对哪些话题感兴趣之后，你不如投其所好，迎合众人的喜好，说些大家都乐意参与的话题。再如，即使是在会议上，等到主角发言之后，进入小组讨论的环节，你不如深刻领悟会议主角的主旨和意图，提出独到的见解。这样一来，你一定会成为

讨论小组的核心人物，带领大家更好地领悟会议精神。倘若有总结发言的环节，当你代表大家发言时，一定会吸引更多的眼球。更多的时候，我们是在一种自由的环境中。例如，每个人都在自由地发表见解，这时，即使你有着长篇大论的精妙言论等着当众演说，也千万不要打断正在说话的人。尊重别人是把自己推销出去的第一步，等到轮到你发言时，你再从引人入胜的开场白开始，带领大家进入你的思路也为时不晚。

对于有心人，掌握对话的主动权并不难。通常，你可以采取问题攻势，即提出一个尖锐深刻的问题，引发大家的思考。如果对方滔滔不绝，口若悬河，你也可以想办法夺回主动权，如故意冷场，让对方知难而退。或者故意找个理由退场，稍晚些时候再出现，这时，大家的目光就会不由自主地集中在你的身上。为了增强谈话的效果，你还可以使用肢体语言，再配以夸张的表情，以抑扬顿挫的声调吸引大家注意。总而言之，要记住的原则是必须尊重他人。唯有如此，你才能赢得他人的尊重。当然，如果你想把谈话权让给其他人，那就不妨降低语速，在说完最后一句话时，看着你想让其发言的那个人。由此一来，对方肯定能够领会到你的意思。想说就说、想听就听的自由，岂不是DJ才能独有的吗！

这场聚会无聊至极，玛丽很想一走了之。来参加的都是些有权有势的人，说着装腔作势的话，简直听不到一点有养分的发言。然而，玛丽是代表公司来的，必须坚持到聚会结束，才能离场。眼看着那些富人们在一起说着不咸不淡的话，玛丽端起一杯酒，来到了和自己一样代表公司而来的人群中。显而易见，他们的感觉和玛丽差不多，既没有多么显赫的身家夸耀，又不想阿谀奉承有权有势的人，因此他们选择聚集在一起，漫不经心地聊着天。

玛丽简直觉得是在浪费生命，为了打发时间，她主动提起了一个话题，即让在座的每个人都分享一个自己去过的美妙景点。在这样的场合，这样一场交谈显然是很充实的。那些人马上积极响应，开始争先恐后地说起自己经历的景点。两三个人之后，轮到玛丽发言了。她说起了中国的西藏。在这些

从未来过中国的人心里，中国是个非常神奇的国度。他们全都被玛丽绘声绘色的演说吸引住了，玛丽呢，也沉浸在对西藏的美好回忆中。不知不觉间，玛丽讲了半个小时，期间好几次被掌声打断。讲完之后她才发现，她的身边聚集了很多人，包括那些热衷于说客套话的权势之人，也有一部分被她吸引过来了。玛丽结束演说，看着自己对面的女孩，说："嗨，到你了。"女孩依然沉浸在玛丽的描述中，说："我也想去西藏，真想现在就去。有人愿意与我同行吗？"最终，现场有十几个人都想去西藏，还特意邀请玛丽作为他们的向导。最终，玛丽还教大家唱起了一首中国的歌曲，现场气氛被推向了高潮，大家全都兴奋不已。

原本是一场无聊的聚会，在玛丽灵机一动的组织下，变成了一场充实的旅行研讨会。她成为了现场的主持，就像是DJ一样，调动着大家的情绪和现场的气氛。此后，有好几个大集团的老总都打电话给玛丽，想聘请玛丽当他们的公关主管。他们被玛丽强大的感染力所吸引，也发自内心地赞赏玛丽。

朋友们，你们可曾在生活中经历过这样的场面呢？中国是个人情社会，其实有很多这样的机会。例如，在朋友的结婚典礼上，你未必认识每个人，换言之，其中的大部分都是你所不认识的。如果能够在这样的场合融入人群之中，把自己推销给大家，引导大家进行有意义的交谈，玩些趣味横生的小游戏，一定会有意外的收获！

不要当只会点头的"老好人"

生活中，总有些人就像是桀骜不驯的野马，又像是浑身长满刺的刺猬，总是处处找碴儿。就算是面对一个完好无损的鸡蛋，他们也能挑出骨头来，给你说个没完没了。面对这样的人，我们难免会觉得头疼，因为与他们较真是自寻烦恼，只会换来更加长篇大论的聒噪。不搭理他们呢？任由他们说

去，他们就会变本加厉，得理不饶人。和这类人恰恰相反，生活中还有些人简直就像是在河底被河流冲刷了几千年的鹅卵石，那么圆润光滑。不管别人说什么，他们都点头认可；不管别人怎么安排他们的生活和工作，他们都毫无怨言的接受。因为过于好说话，他们甚至被冠以“老好人”的称号。又因为付出从来得不到回报，他们在付出很多，帮助他人之后，又往往因为好说话，被人委屈，因此又被称为“滥好人”。这个称呼未免有些贬义，所谓的滥好人，即是不分青红皂白，不分是非对错，一味地毫无原则地“好”。

在几十年前，“老好人”还是个贬义词。那个时候，我们的父辈母辈吃着大锅饭，不管谁家有事，都会像组织求援。老好人一辈子，总能得到大家一致的认可，仿佛就得到了无限的荣光。现在呢？现代社会，人们更多的是明哲保身，各扫门前雪。在这种情况下，如果依然是个老好人，则就成为了不折不扣的滥好人。即便付出再多，非但得不到回报，反而会被诬陷和诟病。当然，这并非让我们都变得冷漠，不再关心他人，而是告诉我们应该有主见，不要毫无原则地对别人好。很多时候，好心办坏事的情况也很常见，如果能够在做好事时加以分析和判断，好事的概率就会高很多。尤其是在现代职场上，同事之间竞争激烈，每个人都有自己的职责范围。有些人总是不自觉，在一次又一次把工作委托给“老好人”处理后，非但不说人家一句好，反而变本加厉，把人当傻子欺负。这样的人，不值得帮。再如，现在有很多公司都非常民主，遇到事情时会采取民主的方式，让大家发表看法。这种情况，其实给了每个人一次展示和表现自我的机会。如果因为谦虚，不表达自己的真实看法，早晚会被领导误解为没有能力。所谓该表现时就要当仁不让，在领导征询你的意见时，聪明的人一定会抓住机会，展示自己的真才实学和真知灼见。当然，如果工作中有不同的意见，也一定要及时表达，不要毫无原则地赞同他人。要知道，领导最喜欢听到的不是整齐划一的声音，而是与众不同的真知灼见。只要你考虑清楚自己的想法，就不妨找最合适的机会大胆地表达出来。即使错了也无妨，最起码这比只知道点头花费了更多的心思和精力。其实，领导最不喜欢的就是一味叫好的人。如果公司里每个

人都这样一味地叫好，那么日久天长，就再也没有人敢说真话，也没有人愿意动脑筋了。如此一来，团队的创造力在哪里呢？

老严是公司的老员工了。自从公司改制后，他负责人事考核。然而，一年之后，老严被辞退了。老严百思不得其解，跑去找老总问明原因。老总说："老严，你已经在公司十几年了。原本，我是希望你能够在公司干到退休的。但是，事实证明你并不适合人事考核的岗位，而且也不再适合公司的发展需求。你看看你的工作汇总，这一年多来，难道公司里没有任何人迟到早退，也没有任何人不符合岗位需要吗？你的工作总结里，却是你好我好大家好。这样下去，我的公司迟早要被你搞垮的。"听了老总的话，老严追悔莫及。

原来，老严是公司里出了名的老好人。他非常善良，为人老实。自从公司改制，他负责人事考核后，对于有些经常迟到早退的员工，在当事人的求情之下，老严考虑到他们都有难处，便擅自给他们记了全勤。还有些新入职的大学生在实习期里，明明能力不够，但是考核时因为他们找工作难，也都给他们打了满分。如此一来，老严在同事间的口碑的确很好，但是却得罪了老总。要知道，老严这么做无异于挖老总的墙脚，而且他这种放任的态度也会带坏公司的风气。最终，老总权衡再三，决定辞退老严。

在这个事例中，老严无疑是老好人的典范。为了给同事们擦屁股，他不惜侵犯老总的利益，不顾公司的长远发展。事到如今，老总说出的辞退理由，他心知肚明，自然也就无法反驳。老严黯然离开公司，让他更伤心的是，那些他曾经为之违反原则所保护的人，却没有一个和他道别的。老严的故事告诉我们，身在职场，做好本职工作是最重要的。任何时候，都不要成为一个毫无原则、只会点头的人。否则，我们就会失去对公司的价值。

从某种意义上来说，"老好人"并非代表好人缘、好脾气，而是一种消极的处世态度。现代社会，万事万物都处于瞬息万变之中，"老好人"却依然墨守成规，丝毫不想得罪他人，这是根本不可能的。早在两千多年前，孔子就曾说毫无原则的老好人是"乡原，德之贼也"。对于一个公司而言，如

果老好人盛行，那么公司也就离穷途末路不远了。不管做什么事情，我们都需要付出一定的代价。就像投资市场上，风险与收益并存一样。只有勇于担当责任，我们才能雷厉风行，真正体现自身存在的价值。

当对方气焰嚣张，你不如拿起“消防枪”

有时，无论你怎么设身处地，换位思考，也无法真正对他人感同身受。在交流的过程中，你常常一不小心就触碰到对方的痛点，甚至导致对方翻脸不认人。还有一种情况是，因为误解或者居高临下的态度，导致激怒对方，且对方气焰嚣张，让你非常尴尬。不管出于何种原因，当交流遇到阻碍，甚至导致双方都陷入尴尬的境地时，不如拿起“消防枪”，给彼此都降降温。常言道，冲动是魔鬼，只有保持冷静和理智，事情才能得到更好的解决。

对于人类而言，真正的智慧并非如莽夫般一味挺进，有的时候，也需要能屈能伸，退一步海阔天空。打一个不恰当的比喻，生活于每个人都像是一场没有硝烟的战争。一天之中，甚至是每时每刻，我们都在面对着或强或弱的对手。真正的强者，是看到弱者的时候不嚣张，看到强者的时候不怯懦。然而，未必每个人都是生活的强者，因而那些趾高气扬的人，也就成了我们时常需要面对的对象。他们似乎天生不懂得如何尊重他人，但我们不能因为他们的态度而降低自己的档次。任凭风吹雨打，我自岿然不动，这才是强者应有的气度。

当对方气焰嚣张时，你帮其降温的方式有很多。首先，示弱。所谓示弱，顾名思义，就是表现自己的软弱，不与他人以硬碰硬地较量。现代社会，人们越来越浮躁，一听到较量就像斗鸡似的。因而，真正的强者不是示强，而是能够低头示弱。也许，你的一次示弱就避免了一个悲剧的发生。曾经在北京，一位推着婴儿车的母亲与一位开车的男士发生口角，结果男士下

车之后愤怒地摔死了婴儿车里的婴儿。如果时光能够倒流，即使被骂得狗血喷头，这位母亲也断然不会再与这位歇斯底里的男士发生口角了。然而，一切都已无可挽回。从这件事情来看，示弱也无妨。谁也不能确保自己遇到的不是垃圾人，唯有不争强好胜，才能避开危险。其次，认输。现代社会，争强好胜的人越来越多。如果因为一些不值得的小事争辩不休，何不学会认输呢？输的是结果，赢的却是气度。最后，还要学会避让。常言道，惹不起，躲得起。与其和他人针锋相对，不如学会躲避，不与其正面交锋，也许就避开了一场争斗。从这几点来看，也许有朋友会表示质疑：这不就是认怂吗？这的确是认怂，却很有效地保护了我们自己。当父母辛辛苦苦地把我们抚育成人，不是为了让我们在一次偶然的意外碰撞中让亲人失去宝贵的生命。正如保尔·柯察金所说的，我们应该把生命用到最有意义的地方去。想到这里，认怂非但不是软弱的表现，而是大智慧。总而言之，在非原则性问题下，与其和气焰嚣张的对方死磕到底，不如灵活面对，以弱胜强，保全自己，这才是聪明的做法。

在遭遇滑铁卢之战败后，拿破仑被流放了。他和夫人约瑟芬来到地中海的一个岛上，过着孤寂的生活。一天，百无聊赖的拿破仑和夫人一起散步，走到海边的港口时，正好看见水手在卸货。看到拿破仑夫妇慢慢地走来，水手们大声喊道："赶紧让开，让开，没长眼睛吗？"因为躲避不及，拿破仑险些被撞倒，这时，约瑟芬不假思索地说："你们这群蠢货，你们险些撞倒了法国的皇帝，简直罪该万死！"

这时，拿破仑赶紧制止约瑟芬，对其耳语道："这些水手原本就非常辛苦，言语暴躁也是难免的。况且，我并没有大碍。"说完之后，拿破仑马上安排随从，一起帮助水手。水手们看到高高在上的拿破仑不但没有责怪他们，反而竭尽所能地帮助他们，不由得感动万分。几年之后，拿破仑正是在这些水手的帮助下，才得以逃回法国，重新执政。

在这个事例中，虽然拿破仑被流放，但他依然是法国皇帝，身份比那些水手不知道尊贵多少。但是，当约瑟芬斥责这些水手时，拿破仑却完全能够体谅水手的恶劣态度，还让随从帮助水手。如果当时拿破仑怒不可遏地治水手的罪，只怕几年之后他就无缘回到法国了。

人生的道路越宽，我们就行走得越顺畅。相反，如果人生的道路非常逼仄，那么我们走起来就会很艰难。很多时候，道路的宽还是窄，完全取决于我们的心态。如果我们总是能够像拿破仑一样，揣着“消防枪”，随时灭火，那么我们的人生之路一定会越走越开阔。

第8章　说话传情达意：懂得交心，让人想听爱听你说话

语言，不仅仅能起到传递信息的作用，同时也应该起到表情达意、传情达意的作用。生活中，每个人都必须生活在群体之中，如此一来就必须和他人交流。我们面对的交谈对象是不同的，有亲人、朋友、爱人，也有同学、同事以及初次见面的陌生人等。对于初次见面的陌生人，也许只需要做到彬彬有礼即可。那么对于我们身边的人，则应该更加掌握说话的技巧，让语言为我们传情达意，与对方形成感情的共鸣。如此一来，生活中才会充满爱与友善。

注入“情绪燃料”，才能嗨翻全场

面对着冷冰冰的声音，我们一定能感受到对方冷漠和无动于衷的心。在日常生活中，有很多人都喜欢故作高冷，说话时装腔作势，表现自己不食人间烟火的一面。然而，在与不熟悉的、无感情基础的人打交道时，尤其是在很多人围聚在一起时，必须注入“情绪燃料”，才能嗨翻全场。如果漠然地表现自己，则很难调动起他人的情绪。

这与我们前文所说的，晓之以理，动之以情，有异曲同工之妙。唯一不同在于，在公开的场合，这种注入“情绪燃料”的方法，更容易引起所有人的全情投入。这就是所谓的共情。一旦你注入“情绪燃料”，在场的人马上就会引起共鸣，甚至与你有着相同的情感，同呼吸，共命运。其实，人类除了拥有动物性的自私自利、争强好胜之外，之所以能够推动社会不断进步，就是因为人类还有这温情的一面。

作为普通人，也许我们并没有那么多传奇的经历。然而，人活着，总是离不开感情的滋养。只要愿意，每个人都可以找到自己与他人的共通点，从而撬动他人内心里的情感世界，让彼此之间产生共情。

近来，曹琦和女友彭玉之间发生了矛盾，眼看着即将到来的婚期都要推迟了，甚至还有可能取消。熟悉他们的朋友，都为此感到可惜。毕竟，他们已经恋爱了三年，原本是情投意合的。彭玉为什么对曹琦意见这么大呢？原

来，只是因为曹琦的工作性质，导致他每天晚上下班回家都在深夜十点多，有时甚至要到十一二点。面对这样的状态，彭玉和曹琦沟通了很多次，让他尽量尽早完成工作，十点之前下班到家。然而，曹琦本身就是个慢性子，再加上工作经常出些意外的状况，所以很难按点下班。为此，彭玉给他下了最后通牒："如果不能调整好工作和生活之间的关系，那么就不要组建家庭，从而也不用担负家庭的责任。"就这样，他们俩陷入了僵局，谁也不愿意退步。

后来，曹琦委托一个他和彭玉共同的好友——芳芳，来帮助协调关系。芳芳约了十几个朋友，也约了曹琦和彭玉，一起去KTV唱歌。这个KTV是有自助餐的。吃饭时，曹琦和彭玉谁也不理会谁。酒足饭饱，唱歌时，芳芳开始给这一对冤家做工作。芳芳点了好几首歌，都是关于人生、理想和志向的，并且点名让曹琦唱。身处两难境地的曹琦，动了感情，唱得非常投入。这时，芳芳对彭玉说："彭玉，姐姐知道你心里有很多委屈。我家那口子和曹琦是一个单位的，也经常深更半夜才下班。所以，你所有的苦楚姐姐都知道。"仅仅这句话，就让彭玉顿时潸然泪下，委屈得哭了起来。这时，芳芳又说："不过呢，男人也很难。你想啊，如果他没出息，你一定会抱怨连天。然而，当他为了自己的理想和人生目标奋斗，并且因此忽略家庭时，作为妻子也未免会抱怨。如此一来，他们就很难。其实，每一对幸福的夫妻，都是从最初的艰难走过来的。现在，曹琦这么年轻，正处于发展事业的黄金时期。咱们要往后看，好日子在后头呢，现在吃点儿苦算什么呢。你应该支持他，这样他才能更加通往直前，为你们未来幸福的生活奋斗。你说呢？"这时，彭玉已经哭得稀里哗啦，连妆都哭花了。她一个劲儿地点头，曹琦也坐到她的身边，真诚地向她表态："你放心，我一定会非常非常努力，尽量争取在挣钱的同时早下班。"现场的朋友们都高兴地欢呼起来，纷纷喊道："好啦，好啦，我们还等着喝喜酒呢！现在，有请准新郎和准新娘，给我们唱一首《知心爱人》吧！"在歌声中，曹琦和彭玉四目相对，感情进一步加深了。

在这个事例中，作为调解人的芳芳显然发挥得非常好。她把感情因素注入说服的过程中，利用感情打动彭玉的心。再晓之以理，彭玉自然更加理解和体谅曹琦。看着一对爱人重归于好，在场的朋友们也心潮澎湃，情不自禁地笑了起来。如此美好的情形，怎能不让全场的人们都沉浸在爱的海洋里呢！

朋友们，不管什么时候，要想调动全场的氛围，一定要注入感情的因素。人非草木，孰能无情。人活着，经历人世间诸多的坎坷和挫折，其实就是感情在支撑着我们。当全场都产生共情时，即便是心肠再硬的人，也会沉浸其中，情不自禁地亢奋起来！

大家一起动起来吧

无论是在日常生活中，还是在工作中，我们在与他人交往时，无一例外地想要得到他人的关注。从心理学的角度来说，注意是心理活动集中指向特定对象的心理行为。随着注意力的指向，人们也会集中感觉、知觉、思维等一系列心理活动，用于关注注意对象。简言之，注意既有指向性，又有集中性。心理学实验证实，人的们必须先注意某件事物，才有可能集中注意力对其展开思考。心理学实验也证实，人的注意力集中的时间非常短暂。由此一来，也就产生了一个问题：如何调动人们的注意力，使其保持长久的关注。如果解决了这个问题，那么人们的生活、学习和工作效率都会提高很多。

如果你是一名老师，曾经真正地在课堂上传道授业解惑，你会发现，要想让孩子们在整节课堂内保持注意力集中很难。这一方面是因为孩子们注意力保持集中的时间原本就很短暂，另一方面，则是因为现在的教学方式大多数还是以填鸭式为主，孩子们参与其中的时间很少。两方面因素集合在一起，就导致孩子们在课堂上只能保持短暂的注意力。这样一来，课堂教学效

果自然不高。不过，随着很多年轻老师在新的教学观念的指导下，进行不断地探索和实验。现代的教学模式，已经逐渐关注到孩子们在课堂上的主动性和参与程度。结果证实，当孩子们更多地参与课堂，成为课堂上主动的主体，那么他们就能够更长久地集中注意力，教学效果也会好很多。很多去过西方国家的人都有一种感触，在西方国家，孩子们在课堂上是非常自由的，他们可以自由地站起来行走，主动选择听课或者独自探索。虽然这样的教学方式看起来散漫自由，但是孩子们却成为教学的主体，教师只作为辅助出现。近来风靡一时的蒙特梭利教育理念也告诉我们，孩子应该是课堂的主体，才能遵循其天性自由地发展。从教育的角度来看，我们不难验证一个真理，即要想让人们更加集中注意力，调动全身的感官参与活动，就必须让他们真正地参与进来，而不仅仅是被动地接受。

今天，是公司开年会的日子。原本，作为观众的大多数公司成员，仅仅将其作为一场乏味的聚会。然而，今年的年会却一改往日的风格，让大家耳目一新之余，全都热情投入地参与其中，现场气氛简直嗨翻了。

与以往只选出少数有特长的员工上台表演不同，这次的年会现场，出乎大家意料，一开场就有全场互动的小游戏。原本懒洋洋、无精打采地坐在座位上的“观众们”，在主持人的邀请下都从座位上站起来，跟随者主持人的指令，时而拍拍相邻同事的肩膀，时而握握相邻同事的手，或者还会和相邻的同事全力拥抱。随着强烈的节拍和节奏，全场员工都非常兴奋，原本虽坐邻座却彼此漠视的员工们，也都笑脸相迎。就是这样一个简单的小游戏，就调动起了大家的积极性和所有的注意力。

在观看其他员工上台表演传统节目时，主持人明显感觉到台下的观众们更加投入了。他们的注意力保持了很长时间。后来，机灵的主持人又临时加了好几个小游戏，邀请台下的部分员工集体上台表演。就这样，再辅以最后的抽奖环节，大家全都欢乐开怀。主持人也激动极了，因为今年的年会可谓真正的圆满！

在四五个小时的大型年会中，如果仅仅让大多数员工充当观众的角色，

坐在看台上，即使他们有着超强的意志力，只怕也难以保持在四五个小时的时间里让注意力高度集中。尤其是对于年年都参加年会的老员工而言，年会更是失去了吸引力。如果能够让他们亲自参与年会之中，哪怕是进行简单的肢体运动，也可以调动他们全身的感官，帮助他们提高兴致，积极地参与年会。

如今，很多公司在早晨开晨会时，都会为员工精心设计一个小游戏。这个游戏非常短暂，但是能够让每个人都参与其中。它神奇的效果在于，即使员工原本非常抵触开晨会时做小游戏，但是只要把他们的感官真正地调动起来，情绪马上就会变得高昂起来。既然如此，我们为什么不多多调动他人的身体感官，提高语言的效能呢？！你会发现，经过身体感官的调动，他人在听你发言时会更加集中注意力，也会给予你更高的关注度。

用心，才能实实在在地表达

面对一个哭泣的孩子，如果想让他不再哭泣，你与其磨破嘴皮地劝说，不如走过去把他抱在怀里，然后逗他开心，也许他马上就会脸上挂着泪珠笑出声来；对于年迈的父母，每日望眼欲穿地等你回家，你与其总是安慰他们等到工作不忙的时候回家看望，不如现在就请几天假马上回家，安慰他们孤独寂寞的心；面对委屈得默默掉泪的爱人，如果你想让她感受到你的爱，与其甜言蜜语说个不停，不如带她出去散散心，让她欢乐开怀……爱是实实在在的表达，不管是对亲人还是对爱人，空泛的爱也许能够让他们暂时感到温暖，却终究会感到心寒。很多人的嘴巴都特别甜，不但能把死的说成活的，也能把无理说成有理，把冷漠说成有苦衷。然而，时间能够证明这一切。如果你想和身边的人真心相待，就应该有切实的行动，而不是一味地找理由阻碍自己行动。爱的语言，是正在做的行动，而不是千年之后才能兑现的承

诺。就像女孩子在谈恋爱时，如果只是一味地沉浸于甜言蜜语，终究会感到失望至极。聪明的女孩会选择少说多做的男孩，即使耳朵不能天天听到哄她开心的话，但是心却能真切地感受到对方的关爱。

在生活中，我们很难与感情摆脱干系。不管是与亲人之间的亲情，还是与朋友之间的友谊，或者是与爱人之间的爱情，抑或是与同学之间的同窗情谊……总而言之，人是活在感情之中的。那么，当人与人交流时，难免就要提起感情，让谈话之中灌注感情。如论如何，当涉及感情时，我们必须拿出真心，让对方感受到爱的温度。要知道，伪装只能抵挡一时，归根结底，心能体验心的温度。有太多事情都需要感情的温度才能得以解决，尤其是你想说服或者改变对方时，更要拿出真心感动对方。生活如是，工作亦如是。

作为公司的董事长助理，小薇工作起来是非常用心的。在她之前，公司先后聘请了好几个董事长助理，都因为董事长不满意，最终辞退。在她们之中，工作时间最长的，也没有超过三个月。自从小薇来了之后，董事长才感到满意。原来，董事长是一个有点儿小古怪的人，他不爱说话，但是非常用心。

在小薇之前的助理，有个叫莉莉的。莉莉是名牌大学毕业生，人长得非常漂亮，但是工作起来一点儿都不用心。作为董事长助理，不但要负责协助董事长的各项工作，还要从生活上关心董事长，照顾董事长。莉莉虽然嘴里不停地说着阿谀奉承的话，对董事长甜言蜜语不断，但是董事长一眼就能看出，她工作时只是为了工作而工作，没有将其当成一份事业，更没有在协助董事长的方方面面上用心。比如，当看到董事长没有按时吃晚餐时，莉莉会说："董事长，您该去吃晚餐了，太晚吃饭对身体不好。"相比之下，小微的做法则更加贴心。每当看到董事长没有按时吃晚餐，小薇都会去董事长爱吃的那家饭店，为他打包来鸡汤馄饨配小菜，或者给董事长叫来他喜欢吃的寿司。尽管只是小小的举动，但是董事长能感受到不太爱说话的小薇，是一个非常善良和用心的姑娘。这也是他为什么在辞退几个人之后，一眼就选中小薇的原因。每到董事长的结婚纪念日，小薇还会细心地提醒董事长给夫人选购礼物。当然，她会提前做出备选方案，以供董事长繁忙时直接从中选择。此外，小薇还在逢年过节时，为董事长准备拜见父母的礼物。这些礼物非常符合老年人的喜好和需要，得到父母夸赞的董事长，自然也对小薇赞赏有加。

生活中，很多人擅长诉说自己。这是因为诉说自己是一件非常简单的事情，只要动动嘴皮子就可以做到。如果嘴巴比较甜，还能说出无数的甜言蜜语，把听话的人哄得心花怒放。然而，时间是最好的验证者。当你真正用心去做一件事情时，即使不说，别人也能体会你的深情厚谊。相反，如果你只说不做，谁都能看出来你是否用心。当然，最好的结果是，你在说的同时，用实际行动表明了自己的决心，也用心进行了实实在在的表达。这样一来，有谁还会不相信你呢？！

人和人的交往，是要走心的。只有用心，才能实实在在地表达真情，而不仅仅是停留在口头上。人心是有温度的，只有彼此相互温暖，感情才能开花结果，尽如人意。

结成同盟，你们会瞬间同心

如果你面对的是一个对手，你会怎么做？如果你面对的是一个战友，你会怎么做？毫无疑问，面对对手和战友，我们的态度是截然不同的。对手，意味着对抗。战友，则意味着同仇敌忾，一致对外。因此，当你想要与一个人拉近关系时，言谈举止之间，不妨让他觉得和你是“战友”。这样一来，你们就变成了同一个战壕的伙伴，同生共死。当然，作为战友，你们不仅仅是语言上的同盟，也要有着共同的立场、利益和目标。但是，语言作为形式，结为战友，当时是第一步要做的。不管是在生活中还是在工作中，当你想与某人成为一致对外的同盟时，首先应该让他人觉得自己是参与者，是与你一起“浴血奋战”的战友。这种情况下，语言的力量会大大增强。

心的接近，让同盟者不管做什么事情，都能最大限度地考虑集体的利益。尤其是在工作中，如果你是一位领导，想要团结下属努力做出业绩，那么在这种情况下，一味地说教显然是不起作用的。当你和下属一起为了创造业绩而加班加点时，当你有了功劳之后能与下属分享时，你们已然从口头上的战友，成为真正的战友。与此同时，你也成长为一名优秀的领导人。对此，卡耐基曾经说，“只有与集体合作，与集体的每一个成员分享荣誉的人，才能成为优秀的领导人”。深刻了解这句话之后，我们就知道，如果想对他人施以影响，我们首先应该与其成为“自己人”，成为同一个战壕的同盟军。对此，也许有人会表示质疑。然而，无数事实证实，一旦结成同盟，你与他人之间心的距离会瞬间拉近。尤其是当你们一起合力完成某件事情时，你们更会变得团结一心，勇往直前。

作为一名二手房经纪人员，娜娜的成长无疑是一场华丽的蜕变。还记得刚刚从校园走入社会的那个她，总是带着傻傻的天真。在听经理说卖一套房子就能赚取几千元时，她简直垂涎欲滴。从那时开始，她每时每刻都在期待开单的那一刻。然而，半年过去了，娜娜每个月只能拿到两千多的底薪，生存都成为难题。娜娜非常勤奋，每天都积极地从各种渠道开拓业务。然而，眼看着她已经入职一年了，依然没有开单的迹象。为了查明娜娜那么勤奋，却为何不开单，经理专门抽出几天时间，陪伴娜娜一起带客户看房，观察她的工作。几天结束后，经理斩钉截铁地对娜娜说：“娜娜，你继续这样下去，还是开不了单的原因。你太功利了。”娜娜疑惑地看着经理：“我没有啊？”经理笑着说：“从我陪你带客户看房这几天你的表现来看，你就是太功利了。不管是第一次见面的客户，还是熟识的客户，你每次和客户会面，从不问他们对房子的感受，而是直截了当地让他们交定金。要知道，买房子不是买萝卜白菜，往往要举几家的力量，才能支援一个年轻人在大城市安家置业。你呢，你完全没有把自己作为置业顾问看待，表现得就像是一个卖菜的小商贩。”听了经理的话，娜娜若有所思。

经过几天的琢磨，她对经理说：“经理，我知道了，我不应该只想着开单，而应该从客户的需求出发，替客户考虑。只要我真的和他们同心协力买房子，他们就会信任我。”经理点点头，说：“我再给你半年时间，凭借你的聪明勤奋，你要是再不开单是不可能的。”从此之后，娜娜刻意把开单的事情抛之脑后，而是像朋友一样，帮助客户出谋划策，寻找合适的房子。有的时候，客户没有想到的事情，例如房子的弊端，她也会为客户考虑到。就这样，三个月之后，娜娜接二连三地开了好几单，与很多客户都成了朋友。如今，她作为公司的季度销售冠军，站在领奖台上发言时，说起这段经历依然感慨万千。

作为一名销售人员，娜娜此前之所以一直不开单，就是因为把自己与客户对立起来了。经理说得没错，买房子是大事情，不能草率。当客户面对着一个一心只想挣钱的销售员，如何敢信任她并且听取她的意见呢？在转变心态，把客户当成朋友之后，娜娜的工作方式也随之改变。她不再一味地想着开单，而是像给自己买房一样，把房子的优点和缺点坦率地告诉客户，并且为他们设想最合理的方案。真正优秀的销售人员，必须做到这一点，才能有突出的销售业绩。所以人们常说，销售人员首先推销的是自己，只有先把自己推销出去，才能把自己代理的商品推销出去。

朋友们，你们在生活中是否也需要与人拉近关系呢？俗话说，三个臭皮匠，顶个诸葛亮。所谓人多力量大，是非常实在的一句话。当需要帮手的时候，每个人都希望自己能有几个同心协力的同盟军。在这种情况下，我们应当与对方站在同一条战线上，以对方的立场和利益为出发点。这样一来，我们马上就会拥有同盟军啦！

金钱无法取代真心与倾心

有人曾经说过，金钱不是万能的，没有钱是万万不能的。在物质生活

极大丰富的今天，在金钱和权力至高无上的今天，如果我们依然视金钱为粪土，显然是OUT了。的确，要想获得更好的生活，我们必须努力工作，勤奋认真，这样才能凭借自己的能力创造美好的生活。然而，金钱在任何时候都不是万能的，不能取代真情与真心，不能取代全心与用心。很多有钱人在极度空虚的生活中，曾经发出感慨，诸如钱能买得来房子，但是买不来家；钱能买得来药品，但是买不来生命；钱能买得来婚姻，但是买不来爱情……随着社会的发展，如今随着人们生活需要的改变，衍生出了更多的职业。早在十几年前，春晚的小品上就播放了关于陪聊的小品。然而，钱能买得来聊天，却买不来倾心交谈。如此，在与他人交往的过程中，如果想要得到对方的真心，我们首先自己要付出真心。同样的道理，尤其在交流过程中，一个善于倾听的人，肯定比三心二意的人更受欢迎。

不管是在生活中还是在工作中，如果我们想要说服他人，与他人和谐融洽地交流，首先应该投入真心。只有站在对方的角度，切实地为对方考虑，我们才能更好地与他人交流。也因为得到你的倾心相对，相信对方也一定会更加全心全意地对待你。前文曾经不止一次地说过，人心是有温度的。很多时候，我们自以为虚情假意把自己掩饰得很好，实际上，对方一定能感觉到我们心的温度。只有真心相待，我们才能如愿以偿地博得他人的好感。

近年来，几家航空公司展开了价格战，经常有非常低的折扣出现。实际上，对于坐飞机的客人来说，折扣只是作为选择某个航空公司的一小部分原因，他们更在乎的是乘坐飞机的体验。曾经，李阳因为工作关系经常出差。没有出差经历的人，一定非常羡慕他这样的空中飞人，总是花着公司的钱在全国各地飞着。然而，李阳却深深知道出差的辛苦。他不停地穿梭在各个机场，早已对空乘的服务习以为常了，更多地体会到其中的细节。如今，李阳不管乘坐飞机去哪里，都会选择南方航空公司的飞机。

原来，他已经是南方航空公司的忠实粉丝啦。常常宁愿多花一点儿钱，也要选择南方航空公司。事情要从半年前说起。半年前，李阳要去武汉出差。他非常幸运地抢购到了特价机票，简直是超低折扣。原本以为，这趟航班是夜间的，服务一定会有所降低。没想到的是，他困意浓浓地走上飞机时，刚刚到了门口，就看到笑容可掬的空姐。看到李阳拎着沉重的用绳子打包的书，空姐还特意拿出一块方巾，双手递给李阳，说："先生，您直接拎着绳子太勒手，请您用这块方巾包裹绳子，这样拎着比较轻松。"虽然只是一块一次性方巾，但是在出差旅途中奔波的李阳却感受到空姐的用心。从此之后，不管是出公差，还是带家人出去旅游，他都首选南方航空公司。

如果不是全心全意为乘客服务的空姐，一定不会注意到李阳被绳子勒手的细节。虽然空姐只是给予了李阳一块方巾和一句关心的话，但使李阳自此成为南方航空公司的忠实客户。这就是人际关系中最为典型的"真心动人"。也许，南方航空公司打的折扣并不是每次都最低，但是李阳却愿意为这样的服务买单。如果朋友、亲人、同事之间也能做到这样以真心换取真心，还有什么是不可沟通和调和的呢！

尤其是现代社会即将步入老龄社会，很多年轻人在大城市打拼，很长时间才会回家看望父母。大多数时候，他们选择给父母买一些衣服或者营养品寄回去，甚至不惜花费很多钱给父母买按摩椅等高端的保健产品。殊不知，金钱无法取代子女的陪伴，一旦成为空巢老人，最盼望的一定是能多几次见到子女。此外，由于生活压力的加大，很多年轻人不但没有时间陪伴老人，还缺少时间陪伴子女。对于年幼的孩子而言，再多的玩具和昂贵的食品、衣服，都无法取代父母在他们成长过程中的陪伴。总而言之，金钱不是万能的。尤其是在真心和倾心面前，金钱更是显得非常无力。

三 需要时，何不多多美言几句

中国有句古话，叫伸手不打笑脸人。这里所说的笑脸人，指的是满面笑容的人。其实，把这句话延伸开来，我们不难发现，人们也不会和对自己

美言的人翻脸。举个最简单的例子，如果你想和一个人套近乎，你对他说：“你真的是青年才俊，让人艳羡。”这句话，想必只要不是彼此间有深仇大恨，在听到之后，都会很让人开心的。再比如，很多妈妈带着孩子在广场里玩耍，其中一个妈妈对另外一个妈妈说：“您家孩子真漂亮，皮肤白白的，眼睛大大的。”这句话说完，即使对方妈妈再怎么不好打交道，也马上会表达善意和谢意。在陌生人之间，美言都有这么显而易见的效果，更何况是在熟识的人之间呢。

熟悉的人之间，彼此更加了解，也更懂得对方的喜好。例如，对于一个狂热球迷而言，你一定知道提起什么话题，更容易让他心花怒放。正所谓孙子兵法所说，知己知彼，百战不殆。这句话的意思是说，在战场上，如果对自己和敌军都很了解，一定能够百战百胜。其实，人际关系何尝不是没有硝烟的战争呢？确切地说，不是没有硝烟，而是弥漫着看不见的硝烟。在现代商场上，商人之间钩心斗角，各大公司之间商战不断。尤其是对合作的对手，谈判更是家常便饭。在这种情况下，要想更好地与对方周旋，不如寻找恰当的时机，对对方多多美言。当你说出了让对方心花怒放的话，他无论如何也不好意思对你过于严苛。这样一来，你岂不是离自己的目标更近了吗？！

从心理学的角度来说，人与人之间如果心意相通，就无须再做说服工作。相反，只有在观点不一致的情况下，才需要我们更加把握语言技巧，深谙心理学，从而水到渠成地说服他人。常言道，良言一句三冬暖，恶语伤人六月寒。不管什么情况下，好言好语都是良好的人际关系的开端。只有努力地维持人际关系，经营语言艺术，我们才能迅速打开对方的心扉。不管在什么情况下，对人多多美言总是没错的。

当然，多多美言并非曲意奉迎。人际关系的建立，一定要建立在平等的基础上。如果我们降低自己的人格，去讨好别人，交往一定是非常疲惫和恶俗的。在平等友爱的基础上，说一句得罪人的话，树立一个敌人，远远不如说几句好话，让人听得高兴，多结识一个朋友更好。

语言交流是心灵沟通的桥梁

任何有益的交流，一定是要建立在交心的基础上。日常生活中，我们已经习惯了太多的言不由衷，也接受了太多的虚情假意。在这种客套的生活中，人心似乎被包上了厚厚的茧，彼此尽管表面上一团和气，心底里却是老死不相往来。如果社会中人与人之间始终这样冷漠下去，那么整个社会的氛围都会越来越恶劣。每当我们看到别人一点点的真心真意，都会觉得万分珍惜。实际上，要想得到他人的真心相对，并不困难。常言道，有付出才有回报。如果想得到他人的真心相待，我们首先应该以真心对待他人。

在进行语言表达时，与其说些不疼不痒的客套话，白白浪费宝贵的时间，不如学会和他人交心，让他人感受到你的心绪。生活中，有很多人不好意思直截了当地表达自己的心情，甚至越是亲近的人之间，越容易掩饰自己的感情。其实，有多少误解都是因为沟通不到位导致的呢！甚至，有些误解还导致了终生的遗憾。想到这一点，我们就应该坦诚地与人沟通，尤其是自己所爱、所关心的亲人、朋友、爱人等。唯有如此，才能最大限度地减少误会，增进彼此间的感情。对于内向的人来说，如果不好意思明示对方自己的心意，也可以采取委婉的方式，表达自己的情绪和感受。这样一来，对方也许就会主动沟通，打开你的心扉。沟通，也就水到渠成了。总而言之，千万不要成为生活中的冰美人，始终保持缄口不语，更不要对生活在身边的人实施冷暴力，否则生活在身边的人实施也一定会以冷暴力对待你。从现在开始，就让我们敞开心扉，迎接他人，也张开怀抱，接纳他人吧！只要人人都付出一点爱，世界一定会变成美好的人间。

自从结婚之后，原本的金童玉女李渡和艾米就变成了一对不折不扣的冤家。李渡非常苦恼，他也不知道为什么，原本那个小鸟依人的艾米怎么就变得这么暴躁不安了呢？！在又一次争吵之后，艾米一气之下回了娘家，李渡呢，则成了孤家寡人。

妈妈得知艾米又和李渡吵架了，说："艾米，你们是不是相处方式有问题呢？不然，你们婚前好得就像一个人似的，怎么现在就闹得不可开交呢？！你们这简直不是蜜月，而是战争月。"在妈妈的启发下，艾米也意识到她和李渡也许并没有找到合适的方式一起度过婚姻生活的磨合期。因此，她找到一家婚姻咨询所，向婚姻咨询师倾诉了自己的烦恼。婚姻咨询师问艾米通常有了不满时会如何表现，艾米说："我会不说话，让他自己去猜我为什么不高兴。我觉得，他理所当然应该知道我的感受，知道我是怎么想的。"听了艾米的话，婚姻咨询师说："从你的话里不难分析，你还没有学会接受婚姻生活，依然处于热恋时期的心态。你想啊，你爱人追你的过程一定很辛苦，现在好不容易抱得佳人归，他一定也想好好地放松一下，享受温馨的家庭生活。但是你依然像少女一样难以捉摸，而且有了不满情绪之后不主动和他沟通。难道你没有听说过这样一句话吗？！男人来自金星，女人来自火星。这句话告诉我们，男人的思维和女人的思维是完全不同的，因此和谐幸福的夫妻生活，一定离不开坦诚布公的交流。假如你每次生气时，不是赌气不理不明就里的丈夫，而是能够坦诚地告诉他你心里感受，他一定更容易体谅你。怎么样，你可以回家试试，好吗？"

在婚姻咨询师的指点下，艾米才意识到原来男人真的不懂女人的心。她买了一些李渡喜欢吃的食材，乖乖地回到家里，给李渡做了一桌子好吃的，等着他下班。在浪漫的烛光晚餐中，艾米这才敞开心扉，告诉李渡自己心里的感受。听艾米说完，李渡惊讶地说："小丫头，我结婚之前怎么没发现你这么爱生气呢？！我回家晚半个小时你就生气，我没有把你做的饭吃完你也生气，原来你是个气包子啊！"说完，李渡就抱歉地笑起来，还热情地拥抱了艾米。此后，艾米每次情绪有波动时，都会主动告诉李渡，李渡呢，也尽可能地满足艾米的心理和感情需求，他们的婚姻越来越幸福了。

每一个幸福的家庭，都离不开美满的爱情；每一份美满的爱情，一定有着最真诚交流的心。只要两颗心是努力朝着一个方向奔去，只要两颗心总是能够坦诚相待从不遮遮掩掩，婚姻生活其实并没有我们想象中那么复杂。

从现在开始，如果你对自己的另一半不满意，那么不妨也学着艾米，敞开心扉，坦然相对吧！

不仅婚姻生活中需要坦诚，其他类型的人际关系也同样如此。不管是同学、朋友还是同事之间，一旦产生误解，就会造成一系列的麻烦。与其等到误解越来越深再来弥补，不如防患于未然，在误解没有产生之前，就以真诚的心和对方坦诚交流。唯有如此，语言才能真正成为心灵沟通的桥梁！

第9章　说话以情动人：委婉拒绝，态度温和不尴尬

生活中，我们常常接到各种各样的邀请。这些邀请，或者被我们兴高采烈地接受，或者被我们婉言谢绝。同时，我们也会面对形形色色的请求。这些请求，或者被接受，使请求者得到满足，或者是拒绝，让请求者伤心难过。实际上，每个人在生活中都会遇到拒绝的情况，如果能够掌握拒绝的技巧，委婉地拒绝他人，那么人际关系将会变得更加和谐。

心有余而力不足的拒绝

人际关系无疑是现代社会中最微妙也最难处理的关系。不管是和亲人、爱人之间，还是和朋友、同事之间，我们都必须与其搞好关系，才能更加和谐融洽地相处。现实生活中，很多人都对他人有求必应，面对他人的请求，即使想要拒绝，也不知道如何开口。大多数人都觉得只有答应他人的请求，才能与其搞好关系。殊不知，要想获得长久的情谊，必须学会拒绝，才能更好地与其相处。道理很简单，接受或者满足他人的请求是很容易的，拒绝他人的请求并且能取得对方的谅解，才是最难的。从本质上来说，人际交往是一种艺术，也体现着每个人的智慧。真正的聪明人，能够根据自己的能力合理满足他人的需要，即使在拒绝的时候，也会想出合适的理由，以委婉的方式说出来。

在诸多拒绝理由中，心有余而力不足的拒绝理由显然是最有说服力的。面对一个很想帮你却无能为力的人，和面对一个完全有能力帮你却无动于衷的人，你对谁更有好感呢？相信大多数人都会选择前者。的确，心有余而力不足的拒绝，在让人感受到你的恳切时，也体谅了你的苦衷。因此，对于关系亲近的人之间，如果实在是力所不能及，不如坦诚地把这个理由说出来，获取大家的谅解。当然，这种方式也并非万无一失。当对方体谅你的苦衷，理解你的拒绝，那么你的一切付出都是值得的。如果对方对你的理由不屑一

顾，甚至怀疑和质疑你，那么你自然也无须在乎他的看法和想法。总而言之，朋友之间并非是有求必应才能长远，很多时候，以高明的方式回绝对方，在不伤害对方的前提下保全自己，才能让友谊之花常开。这就需要我们掌握拒绝的技巧，以对方乐于接受的方式，委婉地表达自己的心意，拒绝对方的请求。

娜娜和小雪是大学好友，两个人不但是好同学，还是好姐妹。大学毕业之后，娜娜留在上海工作，小雪则回到家乡小县城，在家人的安排下进入一家单位工作。上海的生活节奏很快，娜娜每天朝九晚五，工资的确挣了很多。然而，消费也很多。一年之后，娜娜意识到要想在上海立足，必须买房。所以，她每个月都进行基金定投。没过几年，娜娜就攒了二十多万元，便动起了买房的心思。

不想，娜娜刚刚交完买房的定金，小雪就一个电话打来，和娜娜提起借钱的事情。原来，小雪在家里谈了一个男朋友，两个人准备凑些首付，买房。接到小雪的电话后，娜娜为难地说："小雪，我的工资的确很高。不过，非常不巧的是，我上个月也刚刚交了定金，正在筹钱交首付呢。你也知道，上海是大城市，房价长得很快。我也是东拼西凑，才大概凑齐了首付，也欠了不少的外债。真是不巧啊，你看，如果不是我也恰巧买房，我的钱肯定都拿给你用。咱们是好姐妹，我当然也愿意你赶紧买房结婚，幸福生活。"听完娜娜的话，小雪都明白了，她笑着说："太好了，你也买房了。这样一来，咱们俩都各自安定下来了。如果我以后去上海玩，就不用住宾馆啦。你别说了，娜娜，我知道你的处境，因为我也在买房啊。这样吧，以后你回家，就住我家；我去上海，就住你家。这样，咱们就都不用住宾馆啦，咱们就都在两个地方有家啦！这真是一件好事，我为你高兴，娜娜。努力奋斗，为自己在上海安个家吧！"

在这个事例中，原本作为同学兼好友的娜娜和小雪，居然不约而同地动起了买房的心思。面对小雪借钱的请求，心有余而力不足的娜娜非常愧疚。幸好，娜娜说明了情况，小雪也表示了谅解。当得知好朋友在上海安家立业

时，小雪还非常高兴和欣慰。这样的好朋友情谊，让人不得不羡慕。当然，这样的结局，也是因为娜娜处理得当。倘若娜娜不以实情告诉小雪，而是找一个不恰当的理由说出来，那么小雪未必就会这么理解和体谅娜娜啦。

在诸多拒绝的理由中，心有余而力不足的拒绝理由，是最容易博得谅解的。归根结底，我们都是普普通通的人，既没有权势也没有足够的金钱。尤其是作为独自打拼和奋斗的年青一代，生活的压力更大。既然如此，我们既没有必要为难他人，更没有必要为难自己。面对好朋友的委婉请求，与其勉为其难，甚至先答应下来最终却无法兑现，不如摆出实际情况，争取对方谅解。这样做，才是明智之举。

合适的借口让拒绝不伤感情

面对他人的请求，尤其是不情之请，你是以牙还牙，当机立断、直截了当地拒绝，还是找个合适的借口，即使拒绝，也不至于让友谊破裂呢？虽然我们一直提倡做人应该诚实，然而，生活还是逼迫得我们不得不常常说些善意的谎言。例如，当一个朋友跟我们借钱，我们有钱但是却不想借，那么是直接说“我有钱但就是不想借给你”，还是委婉地说“真是不好意思，我的钱借给老家弟弟用了”更好呢？显而易见，第二种方式是更容易接受的，最起码保全了借钱人的颜面。尤其是在不远不近的关系中，说得过于直白，反而更容易伤感情。在这种情况下，与其直截了当，不如拐个弯来说，也能给对方一个台阶下。

合适的借口有很多，根据不同的情况和彼此间关系的亲密程度，我们完全可以做到不伤感情地拒绝他人。例如，一个男孩喜欢一个女孩，想邀请女孩去看电影，如果女孩不喜欢男孩，不愿意和他一起看电影，那么不如说周末有安排。再如，父母要来大城市和你一起生活，但是你知道你的爱人并

不愿意和老人一起生活，不如说你的爱人有洁癖，不习惯和他人一起生活，包括她自己的亲生父母，都是分开居住的。显而易见，第二种说法更容易让老人接受，否则老人一定暗暗伤心，觉得自己养大了孩子，却被孩子嫌弃。实际上，现代社会每个人都应该有属于自己的独立生活，这一点也是人之常情。只要能够找到合适的借口，给对方一个台阶下，即便对方心知肚明你是不愿意帮忙，也会感激你保全了他的颜面和自尊。如此一来，拒绝当然不会伤害感情，只是让彼此心中有数而已。人，很多时候都是需要台阶的。不要一味地强调独立、自主和平等，毕竟中国是个人情社会。况且，谁能说自己没有需要帮忙的时候呢？！想清楚这一点，我们一定会想方设法地合理给出拒绝理由，让对方虽然被拒绝，也不至于尴尬。

早在结婚之前，旭旭就和陈培约法三章。其中第一条，就是结婚后不和公公婆婆住在一起。尽管陈培是独生子，依然答应了旭旭的要求。然而，结婚两年之后，旭旭有孩子了，爷爷奶奶高兴之余，纷纷表示要来带孙子。陈培不由得左右为难。于理，他已经答应旭旭不和父母一起生活了，如果贸然把父母接过来，旭旭心里不高兴，一定会与老人产生矛盾，最终闹得不欢而散。于情，他是家里的独生子，父母一辈子辛辛苦苦，就为了养育他。如今，父母想来带孙子，这也是天经地义的。思来想去，陈培只得编造了一个谎言。

当父母再次说起要来带孙子的事情时，陈培说："爸妈，旭旭因为生孩子，耽误了工作，被单位开除了。后来，我为了安慰她，就让她自己亲自在家带孩子，还和她说了很多妈妈亲自带孩子的好处。如今，她已经不再因为被开除工作伤心了，但是她也决定了自己在家带孩子。"听了陈培的话，爸妈当然一下子明白了其中的意思。妈妈佯装高兴地说："那就太好了。其实啊，你爸爸有高血压，我呢，心脏也不太好，腰椎还突出。我们之前也是打肿脸充胖子，要去帮你们带孩子。现在既然旭旭自己带孩子，我们也就放心了。不管怎样，只要把我大孙子养大就好。"

让陈培亲口拒绝父母带孙子的请求，陈培显然做不到。但是，把父母

贸然接过来一起生活，两代人的生活习惯原本就不一样，再加上旭旭很有可能闹情绪，后果简直不堪设想。幸好，陈培采取了这种暗示的方法，让父母不要过来。父母呢，也是非常明白事理的人。在得知旭旭想要亲自带孩子之后，马上表示理解，也主动就坡下驴，收回了要去带孩子的愿望。如此一来，大家彼此心知肚明，但是因为并没有撕破脸皮，所以在相聚时依然是和和气气、幸福甜美的一家人。

中国人历来重视感情，讲究团圆，因此很多时候都会被感情牵绊。实际上，如果能够委婉地暗示家人并使其心知肚明，反而结果更好。就像上述事例中的陈培，在是否让父母带孩子的这个问题上，简直是个两难的选择。即使勉强把父母接过来，最终也会不欢而散，甚至在家人心中留下阴影。与其那样，不如找到合适的借口，防患于未然。这样一来，父母时间长了必然能理解陈培的苦衷，旭旭也能过自己想要的三口之家的生活。亲人之间的感情得到维护，不会因为一些鸡毛蒜皮的小事，导致爆发家庭矛盾。

合理可行的建议，让对方心怀感激

很多时候，拒绝他人都让人难以开口。前文，我们也讨论了几种合理拒绝他人的方式，以免拒绝让别人伤心。实际上，拒绝并非只是帮助他人的结束，也可以成为帮助他人的开始。例如，当你对帮助他人心有余而力不足时，当你以合适的借口回绝他人的请求时，如果你真的想要在不妨碍自己正常生活的情况下，力所能及地帮助他人，其实也还是有办法可想的。常言道，三个臭皮匠，顶个诸葛亮。常常，众人集合起来的智慧不可估量。在这种情况下，如果你一口回绝他人，而不尝试着帮助他人，对方心里难免会觉得难过。假如能够竭尽所能地为对方提出好的建议，给予他切实可行的帮助，那么他一定会心存感激，即使被拒绝，也不会埋怨你。要知道，当人处

于为难的境地，或者感觉自己身处绝境难以回旋时，一个诚心诚意的建议，也许就会对他有很大的帮助，甚至开启他的思维，让他柳暗花明又一村。这何尝不是一种帮助呢？！

当被人拒绝时，难免会感到失望。如果能够得到可供选择的合理化建议，那么这种失望就会大大降低。甚至原本觉得对方不讲义气和情面的人，也会因此而对对方心生感激。这样一来，你只是提供了一个合理可行的建议，付出的是脑力，而没有任何实质性的付出，但是对方却得到了实在、合理的帮助，甚至因为你的建议而脑洞大开，被你抛砖引玉，想出更加合理的办法。这种拒绝，是最人性化也最友善的拒绝，每个人都会乐于接受的。

在相亲的聚会上，美菊认识了一位非常优秀的男士。刚开始时，美菊对这位男士很感兴趣，因此和他互留电话，开始尝试着作为朋友相处。然而，没过多久，美菊就发现自己和该男士并不合适。他们不但性格不合适，而且也没有共同的兴趣爱好，看电影都会产生分歧。为此，美菊想要提出断绝来往的请求。前几天，该男士提出邀请美菊周末去周庄旅游，美菊一时之间想不到好的办法拒绝，只好说自己周末有可能加班。眼看着马上就到周五了，美菊终于想出了一个好办法。她给该男士打电话，说："你好，我是美菊。是这样的，我周末要加班，另外家里也有一些事情需要处理。我介绍一个女朋友和你一起去吧，正好，她一直以来也非常想去周庄呢！她的性格活泼开朗，特别爱笑，你和她同行一定会欢乐多多。"该男士稍加思考，就采纳了美菊的建议，也领悟了美菊的意思。

原来，美菊准备介绍给该男士认识的朋友，是她的好同学思思。经过对该男士的一番观察，以及在相处中对该男士的了解，美菊觉得思思乐观开朗的性格更适合这位男士。因此美菊把该男士的情况仔细地向思思进行了介绍，并且还给该思思看过该男士的照片，思思都觉得挺满意的。这样，美菊才把思思推荐给该男士，也把思思的情况简单向该男士进行了介绍。果不其然，周庄旅游归来，思思非常高兴。她特意感谢美菊，说："亲爱的，你把这么优秀的男士介绍给我，等看到我晒幸福的时候，可不要嫉妒哦！"美菊

笑着说：“他不是我的菜，你就尽情享用吧！”这样的拒绝，美菊既避免了该男士被拒绝的尴尬，又做了一件成人之美的好事。只怕，该男士在和思思情投意合之后，还得感谢美菊这个红娘呢！

美菊非常善良，虽然觉得自己和在相亲聚会上认识的该男士不合适，但是依然顾及对方的颜面，并没有直接拒绝对方。直到物色到自己的好同学思思应该会喜欢这样的男生，才顺水人情做了好事，为他们牵线搭桥，让他们找到最合适的彼此。这样一来，美菊的拒绝不但丝毫没有给男士带来伤害，反而给他送去一段更加美好幸福的爱情，该男士怎么能不感谢美菊呢！尤其是思思，在与这位优秀的男士同游周庄之后，反而还担心美菊会反悔把这么优秀的男士介绍给自己呢！这样的拒绝，可谓是一举数得。

生活中，我们常常需要拒绝他人。为了避免给他人造成伤害，即使我们找到了最合适的借口，也依然需要给予对方合理可行的建议。当你用心思考，站在对方的角度为他解决难题时，相信他心里的失望一定会渐渐消散，甚至还会由衷地感谢你呢！

“拖”字诀，让对方知难而退

很多时候，未必请求帮助的人一定是通情达理的。生活中，偶尔也会发生这样的情况：需要得到帮助的人，就像是狗皮膏药一样黏着你，就想让你帮他解决问题。在这种情况下，如果你力所能及，却不想帮助对方，即使直截了当地拒绝了对方，但是对方依然对你不依不饶，你该如何是好呢？拒绝，除了明白无误地回绝，还可以想出合理建议进行替代，也可以无限期地“拖延”下去。既然是需要他人的帮助，对方的事情一定是比较急迫的，所面临的问题也一定是在特定时间内必须得到解决的。如果你不想或者没有能力帮助对方，但是对方却对你死缠烂打，非得逼着你帮忙，你不如想办法无

限期地拖下去。这样一来，时间久了，对方会被逼无奈，只能因为等不起，再另想他法。当然，一般能够使出这种方法求得帮助的人，一定与被求助者关系不同一般。或者是亲人，或者是朋友，对于这至亲至近的人，也许时间和距离，才是最好的解决问题的办法。

通常情况下，采用拖字诀回绝他人请求时，并不需要刻意掩饰你的真实态度。恰恰相反，既然你拖延的目的就是为了让对方知难而退，那么你反而应该适当地以拖延的方式传达自己的态度，这样才能如愿以偿地起到回绝的作用。举例而言，如果一个朋友想去你家里借住，你因为不想让他来打扰，便撒谎说自己正在外地出差。那么，在说这番话时，你就不应该表现出过分的热情，而应该表明自己的态度。假如你非常内疚地和对方解释，说你的确是因为工作需要在外出差，只需要几天就能回家了，那么朋友一定会说“那我晚几天，等你出差回来再过去吧”。如此一来，你所有的努力岂非前功尽弃吗？！正确的做法是，以不冷不热的态度对朋友说：“哎呀，真是不巧啊，我刚好在外地出差，回去的时间还不确定。其实，你要是想来找工作的话，可以先住几天宾馆，等到单位地址确定了，就近租房，一天就能搞定。”这么说的话，朋友一定就能听懂你的意思。当然，虽然他刚刚被拒绝时也许会心里不痛快，但是他终有一天会明白，能住宾馆的话，最好不要住在别人家里。毕竟，每个人都有自己的生活，住在别人家里，大家全都不方便。好朋友也是如此，只有留给彼此合理的空间和时间，一切才能更好地面对。

前段时间，柠檬和大学同学李刚走得比较近。原来，他们大学毕业之后已经各奔东西了，自从一次意外地邂逅在上海的街头，彼此都惊喜地大呼一声。后来，得知柠檬还没有男朋友，也孤身一人的李刚就展开了攻势。他每天不是请柠檬吃饭、看电影，就是陪柠檬四处游玩。渐渐地，柠檬觉得无聊的单身生活有这样的同学陪伴也挺好。然而，就在五一假期之前，李刚突然提出要带柠檬去他家里看看。虽然李刚没有明确说是去拜见父母，但是柠檬显然领悟了李刚的心思。想到要作为女朋友的身份和李刚一起回家，柠檬不

由得仔细考量他们之间的关系，这才觉得自己和李刚并不合适。柠檬是外地人，不属于上海。作为一个女孩，她早就梦想着找一个上海本地的男朋友，成为真正的上海人。为此，柠檬渐渐地开始疏远李刚，不管李刚邀请她做什么，她都想方设法地找借口拖延。

柠檬不好意思直接拒绝李刚，毕竟俩人之前是非常要好的朋友，在一起也很开心、快乐。如今，看到李刚失魂落魄的样子，柠檬更加说不出分手的话。这个周末，李刚打电话请柠檬一起看电影，柠檬说："不好意思啊，我必须得加班，有个文案还没做完。"李刚又说："那这样吧，反正我也没事，我买点儿好吃的，去给你做饭吧。你加班，我做饭，咱们分工合作。"柠檬赶紧说："这不太合适吧。我是合租的，这样容易影响其他室友。你还是忙自己的吧，可以和同事们打打球，游游泳。我最近都很忙，每天都加班到深夜，也没有周末呢！"李刚犹豫地说："那你下个周末五一假期时，能和我一起回家吗？"柠檬为难地说："我真的没时间。要不，你找个其他的女伴一起带回家？"时间长了，李刚意识到柠檬是在拒绝他，因而识趣地不再给柠檬打电话了。就这样，他们还没有昭告天下的恋情，悄悄地结束了。

对于柠檬，李刚邀请她一起回家拜见父母，其实就是想确定恋爱关系。作为在上海漂着的单身女孩，对于人身的规划也是无可厚非的。意识到李刚想与自己谈恋爱之后，她马上就表示拒绝，找各种各样的借口不再和李刚见面。这样无限地拖延下去，没有几次，聪明的李刚就意识到柠檬的心思。爱情原本就是你情我愿的事情，强迫是得不到爱情的，死缠烂打只会让对方厌恶。为此，李刚选择主动放弃。这样一来，李刚和柠檬还是好同学，还是一起漂在上海的好朋友。等到这段尴尬的时间过去，他们一定会重新成为普通的好朋友，互相帮助的。

朋友们，你们在生活中是不是也时常需要拒绝他人呢？对于陌生人或者关系一般的人，拒绝还相对容易说出口。对于熟悉的人，拒绝总是显得那么不近人情。很多时候，关系越是亲近，反而越不好拒绝。与其这样为难下去，不如使用拖延的办法，让对方渐渐领悟你的心意，知难而退，避免尴尬。

友好的逐客令，有礼有节

所谓逐客令，顾名思义，就是把客人从自己家中请出去的指令。逐客令来源于秦朝的一个典故。秦朝时期，秦始皇在位，他招贤纳士，礼贤下士，因而很多其他国家的能人异士也来投靠秦始皇，为其效力。也因为如此，秦朝的很多官员都并非是秦国人，却官至高位，名震四野。这些人，在当时被称为客卿。后来，卫国人吕不韦在秦国担任国相，因为触犯法律，被免掉职务。与此同时，在秦国担任水利专家的韩国人郑国也触犯了法律。如此接二连三的事件，让秦始皇决心驱走这些别国的客卿。为此，他还颁发了一道命令，是为逐客令。那个时期，恰逢楚国人李斯为官。得悉秦始皇下了逐客令，他马上上疏秦始皇，把秦国历史上功绩显赫的客卿们一一列举出来，以此劝说秦始皇不要冲动地驱赶客卿。秦始皇觉得李斯说得对，便又下令收回逐客令，还让李斯再次担任之前的职务。因为李斯在这次事件中起到了举足轻重的作用，后来秦始皇还提拔他担任宰相。自此以后，当主人不欢迎客人，想把客人从家里赶走时，就以逐客令代指。

中国是一个讲究礼尚往来的国家。即使是亲朋好友、同学同事之间，去他人家里做客都是非常常见的。然而，人和人的相处就像相互取暖的刺猬，离得太远了，彼此觉得寒冷，离得太近了，又会被对方的刺扎到。正因为这种奇妙的现象，导致人们保持距离相处时会觉得和谐融洽，一旦距离消失，彼此近距离相处，就会马上产生各种各样的矛盾。当矛盾积累到双方无法和谐相处时，争吵打闹也随即发生。如此一来，如何有礼貌地下逐客令，就成为人际交往必须掌握的技能。

近来，豆豆很烦。原因是她老公哥哥家的孩子过来她家住了一个多月，说是要找工作，但是一个多月只是偶尔出去参加招聘会，大多数时间都窝在家里玩电脑游戏。这个孩子还很不懂事，从来不帮助做任何家务，每天还大言不惭地对豆豆说：“婶婶，我想吃樱桃。”“婶婶，咱们包饺子吃

吧！”“婶婶，我喜欢吃乒乓葡萄，不喜欢吃这种小的。”豆豆不但要照顾自己年幼的孩子，伺候老公一日三餐，还要在工作之余照顾这个多出来的侄子，简直头大。最让豆豆心烦的是，照着这个速度，只怕这个侄子三年两年的也找不到合适的工作。

思来想去，豆豆决定和老公交流这个问题。老公非常理解豆豆的苦恼，却无奈地说：“怎么办呢？毕竟他是我哥的孩子，我也不能直接张口把他赶走啊，那我哥哥肯定会特别生气的。”豆豆说：“我知道你没法张嘴，但是咱家本身经济就拮据，而且我的工作也特别忙，根本没有多余的精力。我只是想要你一个态度，如果你同意我下逐客令，我就想办法友好地把他请走。”老公点点头，说：“别让我和哥哥难堪就行。”

接下来的一个多礼拜，豆豆四处托人帮助大侄子找工作。果然，她找到了一个送快递的工作，包吃包住。找到工作后，豆豆马上打电话给老公的嫂子，说：“嫂子，我呢，四处托人，给豆豆找了一个工作。这个工作挺好的，只要孩子勤快，收入高，还包吃包住。”嫂子马上说：“好的，那你让他赶紧去，历练历练。不过，他刚去北京，人生地不熟，住在外面是不是不太安全啊？”豆豆笑着说：“嫂子，没关系的。这是顺丰快递，口碑特别好，单位也可靠。我呢，原本照顾侄子也是天经地义的，现在关键是我要出差几个月，你也知道，你大兄弟是个生活弱智，生活的一切事情都搞不定，他自己还需要人照顾呢，所以我必须把我妈妈接过来照顾他和孩子。嫂子，你上次送孩子过来也看到了，我家就两居室，没有多余的房间。我想，就先让侄子出去住一段时间。如果等我出差回来，他还不习惯，那我就让我妈妈再回老家，给他腾地方。”嫂子听出了豆豆的意思，赶紧说：“哎呀，其实也没什么不习惯的。这么大个小伙子，也该学会独立生活啦。你就安排吧，我都听你的。”

就这样，虽然大侄子嫌弃送快递的工作太辛苦，豆豆也拿着从嫂子那里得到的尚方宝剑，把他请出了家门，送到了集体宿舍。

对于豆豆而言，她有权利决定自己的家是否提供给他人住宿的地方，不

管这个人是谁。因此，她在和老公达成共识之后，采取了先行动后汇报，得到尚方宝剑再展开行动的策略，顺利地下了逐客令。对于豆豆的所言所为，嫂子当然无可挑剔了。

朋友们，你们是否也经常遇到这样的情况呢？其实，作为亲戚朋友，彼此之间临时救急是很正常的，但是如果长期地住在他人家里，扰乱他人的正常生活秩序，就不得不接受逐客令了。在下达逐客令时，我们也应该想出合理的理由，让对方无法拒绝，这样才能让逐客令成功得以执行。

买卖不成仁义在的明智选择

在犹如战场一般的商场上，各大公司之间明争暗斗，尤其是有利益关系的公司之间，更是经常为了各自的利益争斗，当然，也为了彼此共同的利益而谈判。其实，所谓的谈判，就是一种博弈。双方在做足准备的情况下，各自为了争取自身的利益，引经据典，唇枪舌战。既然是博弈，必然有相对获胜的一方和做出让步的一方。当然，在白热化的谈判中，也时常会出现因为利益无法兼顾，导致谈判失败的情况。在这种情况下，明智的经营者不会因为生意没有谈成，就与对方反目成仇。相反，他们会更加表现出高风亮节，以便再有机会时，可以与对方更好地合作。

世界上从来没有一竿子买卖，正如一位名人所说，商场上没有永远的敌人，只有永远的利益。曾经因为利益分道扬镳的合作伙伴，很有可能在山不转水转的某一天，就又结为同盟，相互配合，一起追逐利益。既然如此，因为一次买卖不成就反目成仇，显然会失去更多。这也就决定了，人们在谈判桌上的语言，既然有始有终，也要始终保持愉悦的状态。这样，未来的机会才会向你招手。做生意不是小朋友做游戏，可以在吵架打架之后，擦干眼泪继续进行。在谈判桌上，说“不”也是有技巧的。有些气量狭窄的人，面

对对方的苛刻条件说“不”时，简直是咬牙切齿，恨不得吃了对方。相比之下，那些明智的人则会选择微笑着说“不”，这样既保全了自己的尊严，也顾及到对方的颜面，双方都有台阶可下，谁也不会得罪谁。当因为利益再次结盟时，依然是最好的合作伙伴。尤其是谈判桌上的表现，最能看出一个人的底牌。在谈判桌上大度地笑着说“不”，对对方的任何决定也表示谅解，这样一来，也许未来机会还会主动找上门来呢！

这次谈判，马强作为公司代表，率领谈判团队，来到了万里之遥的美国。仅从这一点上看，不难看出公司合作的诚意。原本，马强以为对方公司一定会顾全他们的颜面，不会给出太过于苛刻的条件。不想，美国人是非常理性的，丝毫没有想到作为东道主，应该好好招待马强一行。反而，他们在谈判桌上分毫不让，而且说起话来也是咄咄逼人。对于美方给出的条件，经过再三权衡，在请示公司总部后，马强一锤定音地说了“不”。当然，马强并没有失去风度，而是依然谦和有礼。他在离席之前最后说：“史蒂文先生，我们是非常有诚意和贵公司合作的。您可以看看，我们一行人不远万里来到美国，只为了和你们见面，当面洽谈合作事宜。不过，这次合作对于我们而言的确是心有余而力不足，归根结底，企业要生存，就必须赚取利润。无论如何，还是谢谢您这次拿出宝贵的时间与我们见面，也谢谢您的盛情款待。我想，如果下次还有机会，我们一定还会再见面的。”这番话，说得不卑不亢，博得了美方谈判代表的热烈掌声。史蒂文先生也说：“马强先生，虽然我们合作没有达成协议，但是我对您个人还是非常认可的。我认为，如果下次有机会，我很乐意与您合作。”马强笑着说：“我代表着我的公司，希望咱们有机会再合作，也欢迎您随时去中国观光游玩！”

时隔一年多，马强有一天突然接到了越洋电话。原来，史蒂文在这一年多的时间里升职了，这次负责公司的一个大项目，具有决策权。在寻找亚洲地区的合作伙伴时，他一下子就想到了马强。一个月之后，他们再次见面。不同的是，这次史蒂文先生亲自来到中国，在洽谈合作事宜的同时，也对马强所在的公司进行考核。出乎马强的意料，这次的合作非常顺利。史蒂文先

生在谈判时，也并没有提出苛刻的条件。顺利签约之后，马强问史蒂文先生："时隔这么久，您是如何想起找我们公司合作的呢？"史蒂文笑着说："能够在谈判失败的情况下依然风度翩翩的，你和你们公司做得最好！"

在这个事例中，史蒂文先生原本有很多选择。然而，马强在谈判失败离席之前最后说的那番话，让他深刻感受到马强宽容大度的胸怀，也让他看到了中国商人的气度和素质。为此，当再次有机会合作时，史蒂文第一时间就想到了马强。这次，他为了表示诚意，专程从美国飞到中国，在谈判的同时考核公司情况，做到真正的一锤定音。

朋友们，每个人都有曾经与人谈判的经历，即使不是商场强人，在日常生活中也会遇到与人谈判的情况。例如，你想买一件昂贵的物品，但是想让卖方降低价格，在讨价还价的过程中，你其实已经是在谈判了。无论是商场上的谈判，还是在日常生活中的谈判，我们都应该保持宽容的气度，不论谈判结果如何，都不要心生埋怨。所谓谈判，不就是这样嘛，我们既可以提出要求，对方也有权利否决我们的要求。同样的道理，对方也有权利提出要求，我们可以接受，也可以拒绝。只有拥有强大的心理承受能力，并且有着宽宏大量的气度，我们的谈判才能更好地进行下去。正如那英的那首歌里唱的，山不转那水在转啊，水不转那人在转啊。人生，何处不相逢。只有买卖不成仁义在，我们的人生之路才能越走越宽，越走越开阔。

爱，可以不接受但必须尊重

在网络时代，信息的传播速度如此之快，即使是在千万里之外发生的事情，转眼之间也会传遍世界。打开网络新闻，很多年轻的男孩女孩，因为得不到所爱的人，因爱生恨的事情时有发生。不少女孩被追求自己的男孩毁容，或者殴打致死，或者造成人身伤害，这都太让人痛心了。爱，是自私的占有，这句话虽然有一定的道理，但绝非真理。在爱情面前，人人都是平等的，我们既有选择爱的权利，也有选择不爱的权利。只有当爱与责任联系在一起时，由爱情衍生的婚姻和家庭，才会更加稳固。尤其是在恋爱阶段，曾经有心理学家证实，爱情的保鲜期极其短暂。上文所说的因爱生恨，有的是因为爱人移情别恋，有的则是因为所爱的人不接受自己的爱。不管是哪种原因，导致恶劣的后果都让人抱憾终生。那么，这些人爱而不得的人，为什么会心生如此大的怨恨呢？从一方面来说，因为他们心胸狭隘，心态不端正；从另一个方面来说，也因为拒绝求爱的人言辞不当，刺激了他们脆弱的心灵。随着这类恶性事件的频发，我们也应该深深反思：面对爱，我们有权利不接受，但是必须尊重这份爱，小心翼翼地拒绝，千万不要伤害那个一心爱你的人。

在拒绝他人的爱时，很多人都喜欢直截了当地说“我不喜欢你，你不要再纠缠我”。毫无疑问，这是一种开门见山的方式，也表达得最清楚明白。然而如果对方特别偏执，这种方式很容易让他因爱生恨。尤其是当恋爱双方暧昧地相处一段时间后，这样的拒绝方式让人更加难以接受。更有甚者，在拒绝他人时不但直截了当，而且还会讽刺挖苦对方一番，如此一来，对方怎么能不被激怒呢？！试想，失去了所爱，还被所爱的人冷嘲热讽，他该作何感想呢？！理性的人，即使不接受他人的爱，也会发自内心地尊重这份爱。归根结底，爱一个人是没有错的，即使只是一厢情愿。如果少男少女们在爱情面前，能够更多一份尊重和平等，能够多一份保护和善意，那么因爱生恨的恶性事件，一定会大大减少。

鹏鹏今年21岁了，喜欢村子里的一个女孩，叫爱华。爱华的确长得很漂亮，村子里有很多男孩都喜欢她。这让她渐渐骄傲起来，今天和这个男孩一起看电影，明天和那个男孩一起下馆子。为了追求爱华，鹏鹏用辛苦积攒了半年的钱，为爱华买了一块新款的手机。刚刚拿到手机那几天，爱华的确和鹏鹏走得很近，常常出双入对。原本，鹏鹏以为爱华接受了他送的手机，就是接受了他这个人。不想，爱华根本不想和鹏鹏谈恋爱。

没过几天，村子里传言爱华和邻村的一个有钱人定亲了。得知此事，鹏鹏去找爱华理论，鹏鹏质问道："你不想和我谈恋爱，为什么要收我五六千块钱的手机呢？"爱华丝毫没有内疚心理，反而不屑一顾地说："手机是我跟你要的吗？那是你主动送给我的，好不好？既然你愿意送，我为什么不能收呢？我又没有承诺你，收了你的手机就做你男朋友。"说着，爱华转身离开。鹏鹏拦住爱华，让她把话说清楚，爱华不耐烦地说："有什么好说的？！你也不撒泡尿照照你自己，要个没个，要脸没脸，家里还穷得叮当响。你估计是瞎了，所以看不见自己的怂样吧！"说完，爱华头也不回地走了。鹏鹏越想越生气，最终找朋友搞到了一瓶硫酸。一天晚上，他躲藏在爱华家附近，在爱华与那个和她勾肩搭背的男人分开之后，冲上去把硫酸泼到了爱华的脸上。爱华一声惨叫，蹲在地上。鹏鹏呢，仓皇逃走了。闻讯赶来的家人把爱华送到医院，然而，她的一只眼睛彻底失明，原本俊秀的容貌也变得无比丑陋。现在的爱华，整日在家以泪洗面。鹏鹏在逃走一天之后，就被警察抓到，现在正在狱中服刑。

类似的事情在生活中时有发生，这件事情中虽然鹏鹏因为无知，既伤害了爱华，也触犯了法律，导致自己锒铛入狱。但是，爱华的做法也有欠妥当。先不去讨论爱华是否应该收鹏鹏赠送的贵重礼物，单就爱华拒绝鹏鹏时说的话，无疑就是整件事情发生的导火索。倘若爱华能够委婉地拒绝鹏鹏，尊重鹏鹏对她的爱慕之情，那么鹏鹏也许就不会做出这种失去理智的事情。毋庸置疑，爱华的话深深地刺激了鹏鹏使他疯狂地进行报复。

朋友们，语言虽然不是刀子，但是有时却比刀子更加锋利。尤其是在爱情面前，有位名人曾说爱的反面是恨。对于原本相爱后来却移情别恋，或者一厢情愿地单相思的人而言，爱是很容易转向恨的。在这种情况下，拒绝一定要委婉，千万不要随意践踏他人的爱慕之心。否则，后果就会让每个人都追悔莫及。有些事情一经发生，就再无回头路可走，让人扼腕叹息。

第10章　说话有所选择：君子慎言，择可言而后言

生活中，常常有人口不择言，说话不过大脑，任由三寸不烂之舌想说什么就说什么。如果是这样的话，人和动物又有什么区别呢？人之所以区别于动物，就是因为人是有智慧和理性的，不但具有语言的功能，而且能够主动思考自己哪些话该说，哪些话不该说，从而择可言而后言。早在几千年前，老祖宗就向世人发出警示，祸从口出。如果一个人说话总是不管不顾，早晚会惹下大祸。

别让你的话成为一把双刃剑

几千年前，老祖宗就留下祖训，祸从口出。这句话丝毫没有危言耸听，现实情况告诉我们，不但是祸从口出，而且恶言恶语还像是一把双刃剑，既伤害了别人，也伤害了自己。当然，伤害别人和自己不仅仅是恶言恶语，有些时候，说了不该说的话，同样会造成难以挽回的伤害。例如，有些人喜欢散布谣言，尤其是关于同事的私事。当他说出去的话传到当事人的耳朵里时，对方难免会对他有看法。如果这个人是他的上司，那么他这么做的后果无异于自掘坟墓。聪明的职场人士从来不会散布谣言，更不会把同事的私生活作为茶余饭后的谈资。归根结底，没有人喜欢被人说。尤其是在职场上，同事之间就是工作关系，加入多余的调料，只会让工作这道大餐更加如鲠在喉。和这些人相比，还有些人喜欢说脏话，动辄就骂人。如此时间长了，只怕想控制自己净化语言环境，也很难改过自新了。除此之外，其实只要是对无辜的人说了有所伤害的话，都是一把双刃剑。

人际关系是非常复杂的，我们生活和工作的环境也很复杂。俗话说，画皮画骨难画虎，知人知面不知心。很多时候，我们自以为与他人惺惺相惜，彼此欣赏，因此未免得意张狂，说了些不该说的话。恰恰就是这些你以为值得信任的人，用这些话，既伤害了别人，又伤害了你。与其等到这样令人遗憾的结果出现，不如管好自己的嘴巴，让自己更加受人欢迎。需要记住的是，在社交场合，永远是那些有自知之明且谨言慎行的人，更容易得到大

多数人的欣赏和认可。世上没有不透风的墙，只有更加珍惜自己的名誉和信誉，我们才能得到应有的回报。

作为美国著名的文学家、思想家，爱默生曾经说，假如用刀剖开那些关键性的字眼，它一定会流血。这句话形象地告诉我们，语言是有生命的。它就像是一颗种子，以善良的形式种下，就结出善果；以恶的形式种下，就会结出恶果。由此可见，在看似轻飘飘的话里，实则蕴含着巨大的能量，或者成就我们，或者摧毁我们。当一个人每天都要说出成千上百句话时，如果不加以思考和权衡，这些话就像子弹一样四处乱飞，后果往往不堪设想。

杜威是刚刚进入公司的新人。进公司没多久，一心想好好工作的他，就发现自己处于一个尴尬的境地。原来，杜威所在的部门看似风平浪静，实则分成两派，互相不服气。为了拉拢新生的斗争力量，从杜威进入公司开始，这两派之间就不断地拉拢杜威，想让杜威明确立场。杜威可不知道应该加入哪一派，他很清楚如果站错了队，前途未卜。

后来，杜威和其他部门一个要好的同事陶金说起这件事情，陶金同情地说："哎呀，那你可真是太可怜了。这样的拉锯战，往往让人心力憔悴。其实，一个部门的，根本没有必要搞这些事情。"杜威仿佛遇到知音一般，说："是啊，大家都是同事，何必呢！就说以老王为首的那一派吧。老王本身能力平平，学历也很低，还不如我这个刚毕业的大学生呢。但是，他就喜欢拉帮结派。要不是他逞能，如果办公室里只有以老李为首的那一派，我也不至于这么为难的。这个老王，真是自不量力啊！"谁知，杜威说完这句话没几天，老王就开始处处找杜威的麻烦。杜威每天被老王玩弄于股掌之间，实在苦不堪言。直到一个月以后，老王被提拔为公司的副总经理，杜威才知道老王是公司董事长的小舅子，后台很硬。与此同时，他也猜到自己是被陶金给出卖了，作为讨好老王的表现之一。半年之后，杜威始终工作不顺利，只好辞职。

从这件事情不难看出，原本立场坚定不参与各派争斗的杜威，原本是可以明哲保身的。然而，却因为盲目信任陶金，说了些对老王不满的话，最终导致自己被出卖，工作毫无起色，只得辞职。这样的结果，一定是杜威在嚼舌头的时候没有想到的。其实，职场犹如变幻莫测的海洋，谁也不知道接下来是风平浪静还是风高浪急。作为职场人士，只有谨言慎行，才能保住自己的饭碗，也才能获得良好的发展。

朋友们，你们在生活中是否也曾遭遇过这样的情况呢？很多时候，倘若一句话说不好就会导致事情的发展急转直下。与其冒险逞一时口舌之快，不如从现在开始，就专心工作，勤勤恳恳。总而言之，当你工作上有了突出的表现，再能管住自己的嘴巴，就一定能有好的前途。

说话可以，千万不要“随便”

妈妈问我们想吃什么饭菜，我们说随便；爸爸问我们周末想去哪里玩，我们说随便；爱人问我们喜欢什么颜色的衣服，我们说随便；孩子问我们喜欢吃肯德基还是麦当劳，我们说随便……仔细想想，我们一天之中似乎要说很多次随便。这个随便，可以随便说说，但是不能总是说话随便。前文已经说过，语言对我们生活的影响非常之大。假如每次说话都抱着随随便便的态度，那么祸从口出就不再是一句警示，而是很可能会给自己带来实实在在的惩罚。

很多时候，当我们随便地说出话之后，引起了严重的后果。我们往往会说，我当时只是随便说说，哪里能想到会引发这么严重的后果呢？！然而，无论我们怎么为自己辩解，都必须承担由此而起的一切责任。这样不愉快的经历，使很多人保持缄口不语。他们宁愿囚禁自己的舌头，也不愿意再次经历祸从口出的噩梦。但是，作为社会的一员，每个人都在人群里生活，我们怎么可能一直沉默下去呢？而且，作为沟通的媒介，当我们封锁住语言的渠道，我们和外界也就失去了交流和沟通的介质。由此一来，生活必然大受影响。

很久以前，有位僧人住在大山深处的寺庙里。他有个徒弟，特别懒惰，每天都要睡到太阳晒屁股才起床。无奈之下，僧人只好每天清晨都喊徒弟起

床。一次，两次，三次……虽然僧人从清晨就开始喊醒徒弟，但是徒弟总是磨磨蹭蹭，要到日晒三竿才起来。有一天，僧人看着撅着屁股呼呼大睡的徒弟，气愤地喊道："你难道一睡不醒了吗？连乌龟，都已经从池塘里爬到院子里来啦！"此时，一个正在寺庙里为家人祈福的人，听到了僧人的话。他恰巧需要乌龟做药引，因此赶紧跑进院子，抓了乌龟回家去了。他的家人喝了乌龟汤之后，果然身体渐渐痊愈。为了感谢僧人，他还特意跑到寺庙里道谢。得知自己的一句话害死了乌龟，僧人懊悔不已，决定不再说话。

几天之后，僧人坐在寺庙的门前晒太阳。突然，一位盲人慢慢地走过来，眼看着就要走到池塘边了。他很想警告盲人不要继续朝前走，否则就会掉进池塘，但是一想起自己曾经因为一句话害死了乌龟，又决定继续保持沉默。正当他内心挣扎不停时，盲人已经失足掉进河里，被淹死了。僧人感到万分懊悔，这才明白人活着，有些话不能说，有些话非说不可。

李娜是一家公司的前台文秘。有段时间，公司里每个人都带早餐去单位，李娜也和大家一样天天带早餐。有天周五的早晨，李娜带了自己做的便当，同事们看了之后纷纷羡慕，夸赞李娜手艺好。还有个同事提议："既然李娜的手艺这么好，大家没有理由不去尝尝啊。这样吧，明天就是周末了，我提议周末没有安排的同事，大家一起去李娜家蹭饭吃，好不好？"李娜在大家的起哄声中，说："当然没问题啊！"第二天是周六，李娜一直睡到日上三竿才起床。正准备刷牙，就听到敲门声。她还以为是快递呢，因此睡眼朦胧地打开了门。不想，一大群同事都站在她家门口，衣衫不整的李娜尖叫一声，捂着脸逃回卧室。

直到十几分钟之后，她才换好衣服，平复心情，走到客厅。这时，大家你看看我，我看看你。前一天提议去李娜家吃饭的同事，说："李娜，你不是同意大家今天来尝尝你的手艺吗？"李娜惊愕地说："啊，原来你们当真啊，我只是随口一说。"大家更是大眼瞪小眼，不知道该说什么。这时，李娜笑着说："不过没关系，我家冰箱是满的呢！我现在就洗手作羹汤，保证让大家吃得心满意足。"

从僧人的故事中，我们不难知道，有些话不能随便说，有的时候不能沉默。总而言之，事情的发展总是处于千变万化之中，我们必须根据当前的情况，理性地做出选择，才能有所言，有所不言。从李娜的事例中，我们则更可以看到随便说话的后果。很多时候，我们随口一说，但是说者无意，听者有心。面对一大群同事，衣衫不整、睡眼惺忪的李娜，简直受到了大大的惊吓。要想搞好人际关系原本就很难，每个人都必须多多运用智慧，保持良好的心态。幸好李娜反应还算及时，没有让已经坐在她家客厅里的同事们太尴尬。

生活中，因为口出狂言或者恶语，导致激怒他人的事情时有发生。当悲剧一旦发生，即使万分懊悔，却再也无法挽回。不管什么时候，我们都不能为了逞一时口舌之快而说出伤害他人的话，也不能因为报复他人就口不择言。只有本着真诚友善的态度与人交往，说些有益的话，我们的人际关系才会越来越好。作为理性的人，作为对他人和自己负责的人，我们一定要在说话之前三思而后行。不管什么时候，都不要说极端的话，也不要说无中生有、空穴来风的话。尤其是现代社会信息传递速度如此之快，如果总是“随便”说话，那么难免会因此而吃大亏。

语言名片，彰显你的隐藏身份

现代社会，大多数职场人士都有属于自己的名片。名片，从某种意义上说成了人们身份的象征，然而，也因为名片的容易获得，导致很多人都把自己的名片印为“经理”“顾问”“总裁”等。这些行头其实并没有什么，因为如果只是小公司或者自己印的名片，只需要多花些钱，就能印出既有头衔和面子，也有质地和手感的名片。与名片这种实质性的身份象征相比，人们还有很多隐形的名片，诸如一个人的言谈举止，一个人的气质和谈吐。如果说真正的名片很容易造假，或者虚伪矫饰，那么隐形的名片则显得更加可靠，因为一个人的言谈举止和气质风度，是不容易伪装的。尤其是一张嘴，

那些阅人无数的人马上就会知道面对的人到底有多少才华，素质高低，等等。既然如此，我们要想让自己显得高大上，那么就应该多多练习语言，让自己言行得体，这比任何名片都更能彰显我们的素质。

很多从事推销的人都知道，在我们把名片递给对方之后，并不意味着已经把自己推销出去了。唯有以语言表达自己，才能让客户真正感受到我们的内涵。很多做得好的推销员，绝不仅仅依靠功利性的推销。相反，他们会用语言名片首先推销自己，等到客户接受和信任自己之后，才会开始推销自己代理的商品。而且，你的语言名片应该涵盖很多内容，不但让对方感受到你的真诚和善意，也应该让对方从你的话里话外，获得情感和精神上的满足。这才是推销工作的至高境界。

作为《黑人文摘》的创始人，约翰逊在推销自己创办的杂志时，首先是在筛选客户。他从来不向与他价值观不相符的人推销杂志，因为他认为杂志就是灵魂的沟通，杂志是他语言的名片。每次拜访客户，为了争取最大限度地与客户实现真正的沟通，即使客户只给他五分钟时间阐述自己，他也会提前花费大量的时间调查客户的脾气禀性，兴趣爱好等。这样一来，他首先了解了客户，然后对于就像是朋友一样熟识的客户，用极短的时间传达自己的价值观等各种观念。由此，他也就用语言名片把自己推销出去，然后与客户就像朋友一样展开交流。

有一次，约翰逊为了争取森尼斯无线电公司的广告业务，便写了一封信给其总裁，请求与他面谈。遗憾的是，总裁麦克唐纳先生拒绝了他的请求，理由是自己并不主管广告。不过，约翰逊并没有放弃。他想，既然麦克唐纳是总裁，那么他是否主管广告并不重要。后来，约翰逊想方设法了解到，麦克唐纳主管公司各个方面的政策，包括广告。为此，约翰逊再次写信给麦克唐纳，请求与他就广告策略展开交流。也许是被约翰逊的诚意和坚持打动了，麦克唐纳终于答应见约翰逊，前提是不许约翰逊提到其杂志的广告业务。约翰逊当然要和麦克唐纳见面。为了打出精彩的语言名片，约翰逊查阅了大量关于麦克唐纳的广告。在得知麦克唐纳曾经达到北极极点的讯息后，约翰逊决定送给他一份特别的礼物。这份礼物就是由著名的黑人探险家汉森写的探险书，并且有汉森的亲笔签名。为了打动麦

克唐纳，约翰逊还特意在即将刊出的杂志上刊载了关于汉森的介绍。

见到麦克唐纳时，麦克唐纳开门见山地说："你知道汉森曾经送给我一双雪地靴吗？还有，汉森还有一本特别精彩的探险书。"约翰逊笑着点点头，就像面对老朋友一样，说："当然，我特意为你带来了那本书，上面还有汉森的亲笔签名。"得到这份礼物，麦克唐纳高兴极了，他一边翻阅此书一边对约翰逊说："我想，你们杂志应该隆重推出汉森。""当然！"约翰连连赞同，并且拿出了有介绍汉森的最新期刊。这次交谈，约翰逊只字没提广告业务的事情，不过，麦克唐纳在看完关于汉森的介绍并且翻阅杂志后，对约翰逊的杂志风格非常认可。最终，麦克唐纳居然主动说："我想，我只能在你的杂志上刊登广告，因为我没有任何理由不喜欢它！"

就这样，约翰逊成功拿下了麦克唐纳的广告业务。

在这个事例中，约翰逊遵循约定，一句话都没有提起自己的广告业务。然而，经过精心地打造自己的语言名片，他准确无误地传达给麦克唐纳一个讯息：我与你志趣相投。最终，麦克唐纳显然被约翰逊征服了，居然主动提出要在约翰逊的杂志上投放广告。从被动到主动，语言名片帮助约翰逊打了一场漂亮的翻身仗。这就是语言名片的魅力。

朋友们，在生活中，你们是否也时常遭遇他人的拒绝呢？你们能做到像约翰逊一样百折不挠，决不放弃吗？在好不容易得到推销自己的机会时，你们一定要用心准备，多多了解对方，正所谓知己知彼，百战不殆。尤其是要准备好语言名片，这样才能在最短的时间内，打开对方的心扉，走入对方的心里。一旦成为朋友，还有什么事情是不好说的呢？！要知道，每个人对于与自己有共同点的人，都会感到非常亲切友善的。

不要总是翻出陈年旧账

生活，总是在希望和懊丧中交替前行。这主要是因为，不管是谁，都无

法改变生活的历史，也无法决定生命的明天。明智的人会活在当下，不会因为他人的陈年旧事，就与自己过不去。遗憾的是，生活中有太多愚蠢之人，他们总是因为一些过往的小事，和他人计较，也和自己较劲。倘若人们能够做到不翻旧账，那么一定会多些开心的时刻，少些烦恼的痛苦。

虽然不翻旧账的道理人人都懂，但是能做到的却没有几个。尤其是女性朋友，大多心思细腻，感情缠绵。很多时候，即使一件事情已经过去了几年，甚至十几年，她们也会牢牢记住，每到恰当的时机就拿出来说一说。曾经有位名人说，生气是拿别人的错误惩罚自己。套用这句话，我们也要说，翻陈年旧账，就是自己与自己过不去。人生苦短，如白驹过隙。既然生活中本来就有些不得不面对的痛苦，我们又为何要沉浸在过往的痛苦中呢！与其说这是翻出别人的错误，不如说是揭开自己的伤疤。大多数生活幸福的女性，一定是心宽之人。她们虽然记性很好，但是却选择性地遗忘那些不开心的事情。如此一来，她们的生活充满着欢乐，远离了痛苦。

思敏今年结婚七年了。也许是因为到了七年之痒吧，她怎么看老公都不顺眼，夫妻感情眼看着就要破裂。以往，思敏每次发脾气闹情绪，她的老公寒冰都会尽量安慰她。然而，寒冰现在也感到疲惫了。尤其是思敏每次吵架都提那些陈芝麻烂谷子的事情，简直让他崩溃。

这天晚上，思敏因为寒冰下班晚，又和寒冰吵了起来。说着说着，思敏提起自己缺乏安全感，也不信任寒冰。寒冰委屈地说："虽然我下班晚，但我也是为了这个家，为了你和孩子啊。我在单位处理一些事情，这些其他同事都可以作证。"这时，思敏突然就想到了寒冰有一次出差，对几个女同事呵护备至的事情，不由得醋意大发，口不择言地说："同事为你作证？是男同事还是女同事啊。我可知道，你那些女同事肯定愿意为你作证。你看看，你每次出差伺候女同事就像伺候亲妈似的，我怎么不知道你还会这么关心体贴人呢！谁知道你是不是以加班为借口，又对女同事无事献殷勤。你这种人，就像是一个臭鸡蛋，总能惹来那些脏兮兮闹哄哄的苍蝇。"听到思敏又提起这几年前的旧事，寒冰简直难以忍受。他大喊道："你还想过不想过？

不想过，离婚！我早就跟你说过，我和女同事之间没有任何问题，也不知道是哪个嚼舌根子的，在你面前瞎叨叨。就别人这几句挑拨离间的话，这几年来你说了多少遍了？你要是迈不过这个坎，也不信任我，那咱们就别过了。”听到寒冰居然提出离婚，思敏简直心如刀绞。她突然大哭起来，开始诉说自己这些年一边上班，还要照顾家庭，抚育孩子的辛苦。寒冰简直不知如何应对，只得默默地抽烟。思敏一气之下，带着孩子回了娘家，寒冰却一点儿都不想去找她回来。因为他知道，思敏回家之后，又会隔三差五地翻旧账。

在夫妻关系中，不管曾经一方犯了多么严重的错误，一旦另一方决定原谅并且维系家庭，那么一定要把这页纸给翻过去，最忌翻来覆去地拿出来说事。要知道，如果是真的有事，这么说来说去，一定会让犯错的一方由最初的内疚，到最终的无所谓态度。如果根本没有事，那么这样翻来覆去地说，则变成了教唆犯错的逼迫，让对方甚至有可能在莫须有的罪名下，故意为之，以获得心理平衡。不管从哪个角度来说，这都是得不偿失的。古人云，人非圣贤，孰能无过。既然决定接受，就应该发自内心地原谅和忘记。这才是幸福生活之道。

当然，这种翻出陈年旧账的事情，并非只发生在夫妻之间。很多时候，亲人、朋友，甚至是同事之间，都会有这样的情况发生。对于我们自身而言，首先要管好自己的嘴巴，不该说的话不要随意去说。其次，当遭遇他人翻我们的旧账时，也应该端正心态，告诉对方你的感受。相信只要沟通到位，对方一定会有则改之，无则加勉，不再翻那些陈芝麻烂谷子的事情，无端地伤害彼此间的信任和感情。

同样的错误不要犯两次

和祸从口出相比，言多必失显然是老祖宗留给我们的比较中肯的建议。的确，一个人如果从来不说话，绝对不会因为失言给自己带来麻烦。与此相反，

假如一个人整天都唠唠叨叨地说个没完，那么难免会因为说话太多，导致言多必失。即便如此，我们却不能因为害怕犯错，就不敢说话，从此缄口不语。归根结底，每个人都是社会的一员，都是社会群体中的一分子。每个人的生存都离不开与他人的相互配合和帮助，唯有搞好人际关系，才能更好地活着。那么，要想避免言多必失，我们就只能长长记性，不要因为自己总爱忘记的原因，导致同样的错误犯两次。换言之，假如一个人走路时掉进了一个坑里，那么他下次再经过这条路时，一定会非常小心，提前就提醒自己注意。说话也是如此。当我们一不小心祸从口出之后，就应该注意避免在同样的人或者相似的情境中，再犯类似的错误。尽管我们常说没有人能避免犯错，还说人们就是在错误中成长起来的，但是，我们依然不能时常犯同样的错误。否则，我们的成长就会过于缓慢。

在远古时代，有个恶魔为非作歹，祸害人间。直到有一天，人们不堪忍受，到深山里找到神仙，并且央求神仙帮助他们除掉这个恶魔。神仙很好心，他不想杀死恶魔，又不忍心看到人们受苦，因而想出了一个好办法。他用一个瓶子，把恶魔收进瓶子里，沉入海底。如今，已经五百年过去了。恶魔被关在瓶子里，每天听着海底暗流涌动，不由得心急如焚。他暗暗许下誓言：假如有人把我从瓶子里救出来，我就吃掉他。

有个渔夫非常勤劳，几乎每天都要出海打渔。然而，近海的鱼越来越少，他不得不去深海中打渔。有一天，他接连撒了好几网都一无所获，直到最后一网，才在渔网里找到一个非常古老的瓶子。渔夫很好奇，用力把瓶盖拧开。突然之间，瓶子里涌出一股绿色的浓雾，转眼之间，这浓雾就变得比山还高。渔夫定睛一看，原来是一个无比魁梧的恶魔。他很紧张，却故作镇定。恶魔哈哈大笑，无比得意。他张狂地说："老头儿啊，假如你早一百年把我救出来，我一定好好感谢你。遗憾的是，你好事做得太迟了。我早在一百年前就已经许愿，我要吃掉那个救我的人。"渔夫很害怕，他壮起胆子说："你吃掉我没关系，不过，临死之前，我想知道你比山还高，是如何钻进这个瓶子里的呢？"恶魔狡猾地笑了，说："老头儿，你可真歹毒啊。我知道，你是想把我骗进瓶子里，再把我关住。我可没有那么傻！你知道吗，我五百年前被关进这个瓶子里时，就已经听过这个老套的故事啦！”“啊？想不到你这么博学多才呢，连这个故事都听过。那么，你有没有听过苏格拉底说的话呢？”恶魔不屑一顾地说：“哼，我岂止听说过苏格拉底的话呢！我还收藏了苏格拉底的著作呢！”渔夫哈哈大笑，嘲讽地说：“别逗了，你是魔鬼，怎么可能还收藏人类的书呢。你空口说白话，谁不会呀！”说完，渔夫更加夸张地笑起来。这时，恶魔大喊大叫道：“我这就把书拿出来给你看，你可别逃跑！”说完，恶魔又化作一团浓烟，缓缓地钻进瓶子里。渔夫丝毫不敢耽误，立马拿起旁边的瓶盖，将其死死地拧在瓶口上。

虽然恶魔知道自己的同类曾经被人类的骗术骗过，因而戒备心特别强。然而，狂妄的它最终还是因为多言，又中了渔夫的圈套。同样的错误，恶魔犯了两次，简直是不可原谅的。虽然这只是一个童话故事，但是作为普通人在生活中同样面临很多语言的陷阱。唯有不卑不亢，保持一颗淡定平和的心，我们才能保持理智，更好地应对他人故意激怒我们的言行举止。

人生，总是在错误中成长。作为一个努力积极向上的人，我们必须时刻总结经验和教训，才能避免犯同样的错误。尤其是在生活中，有些人总是喜欢逞口舌之快，往往会导致哑巴吃黄连，有苦说不出。

好胜之人，说话无须争输赢

生活中，有些人特别喜欢争强好胜，总是害怕自己吃亏。为此，哪怕只是在口头上，他们也喜欢压着别人。这样的人，总是以“专家”的形象出现，不管面对的是陌生人，还是熟悉的人，他们总是摆出一副高高在上的样子，大言不惭地指导他人。偶尔遇到自己的观点和他人不一致，或者他人对自己的观点表示质疑时，他们马上就如好斗的公鸡一般，想方设法也要驳倒他人。除了这种人之外，生活中还有一类人特别喜欢无理取闹。他们明明知

道是自己的错，却拒不认错，总是歇斯底里，无理也要狡辩三分。对于这样类型的人，明智的人不会一味地和他们纠缠。

实际上，口头上的胜负输赢根本无关紧要。那些好胜之人，不过为了争得口头上的胜利，不但得罪了他人，无形中为自己树敌，也使得自己心胸狭隘，变得固执己见。在现代职场上，职场人士的竞争越来越激烈，生存压力越来越大。很多女性白领，丝毫不能受委屈。当别人无理取闹时，她们不但不能以容忍的态度息事宁人，反而变本加厉，以更加无理和粗鲁的态度，为自己赢得所谓的胜利。殊不知，这种方式不但无法化解矛盾，反而会导致冷眼旁观者对她们的认可度也大大降低。聪明的职场人士，在他人卑劣时，会表现出高姿态；在对方无理时，会更加表现出自己的通情达理；在对方态度强硬时，会退一步海阔天空，以柔克刚。如此一来，反而能够尽占优势。

在美国的金融危机时期，苏珊费劲千辛万苦，经历了无数次面试，才找到一份销售工作。她主要负责销售珠宝，每件珠宝都价值不菲，有的珠宝甚至价值连城。为了考察她的工作能力，珠宝店的经理留她试用三个月，再决定是否长期聘用她。苏珊非常珍惜这个工作的机会，每天都早早地来到珠宝店，打扫卫生，擦拭柜台等。那些老员工都说，她很有希望留下来，因为经理在其他员工面前表扬她好几次了呢！苏珊暗自高兴，工作更起劲了。

一天早晨，苏珊和往常一样早早来到珠宝店。她把柜台里的戒指拿出来，准备整理整理。这时，一个中年男士走了进来。他穿的衣服有些皱巴巴的，也不是很干净。也许是因为寒冷吧，他全身似乎都在蜷缩着，瑟瑟发抖。他脸上的表情有些愤怒，似乎这该死的天气让他很难过。然而，看到这些贵重的珠宝饰品，他的眼睛里不由得流露出贪婪的目光。突然，电话铃响了，苏珊条件发射般地拿起电话，却不小心碰翻了戒指的盒子。地上滚落了好几枚钻戒，苏珊赶紧四处寻找。无论她怎么找，还是有一枚戒指不见了。这时，那个男人正急匆匆地走向门口。正当男人要推门而出时，苏珊轻声说道："先生，谢谢您！"那个男人猛地站住，良久没有转过身来。苏珊的心怦怦直跳，她再次小声说："先生，我很抱歉，我非常需要这份工作。您知

道，现在找工作太难了。”男人转过身，原本怒气冲冲的脸上浮现出一丝笑意。他说：“是的。我想，你会是一名优秀的销售员。”说着，男人走向苏珊，说：“祝福你。”他们紧紧地握手，男人转身离开。苏珊满含感激地说：“祝您好运。”苏珊拿着那枚丢失的戒指，回到柜台。

在这个事例中，倘若苏珊得理不饶人，非要和男人争论个你长我短，或者气势汹汹地大喊抓贼，那么男人一定会拿着戒指逃之夭夭。毕竟，现场没有任何人证和物证，而且苏珊作为一个柔弱的小女孩，也无法控制这个身强力壮的男人。幸好，苏珊采取了这种委婉缓和的方式，首先对男人的做法表示体谅和宽容，然而再陈述自己找工作的艰难。从而，也使身处困境的男人不由得对苏珊感同身受，最终乖乖地把戒指还给了苏珊。

朋友们，你们在生活中是不是也经常和他人争论呢？要知道，语言上的胜负输赢根本无关紧要。最好的做法是，一定要在心理上比他人强大，这样才能做到真正的强大。很多时候，我们看到的或者听到的赢，也许只是一种失败的表象。既然如此，就让我们做个真正强大的人吧！正如一位名人所说的，笑到最后的人，才是真正的赢家。

“嬉笑怒骂”可以，“啼笑皆非”不行

现代社会，生活的压力越来越大，职场上的竞争也日益激烈。人们活着往往感觉担子很沉重，因此很多人都热衷于开玩笑。需要注意的是，这里所谓的开玩笑，和前文说到的幽默完全不是一码事。所谓开玩笑，有的时候是以别人的糗事为笑点，有的时候是以贬低自己的方式开玩笑。总而言之，是要弄得大家都忍俊不禁，哈哈大笑。如果说幽默是一种充满智慧的语言形式，那么开玩笑则显得更加平易近人，也不需要那么机智聪敏。不过，如果玩笑开不好，是很容易伤害别人的。所以，我们可以嬉笑怒骂地开玩笑，但

是最好不好让人啼笑皆非。否则，一定会害人害己，导致让大家都很尴尬的局面出现。

乐乐就像是办公室里的开心果，只要有他在场，大家就总是笑声不断。原来，乐乐是一个非常搞笑的人。而且，他没大没小的，与谁都开玩笑。时间久了，大家都了解他的性格，也都不再和他计较。

前几天，办公室里来了一位“空降兵”，是一位年纪四十多岁的大姐。对于这位大姐，大家都纷纷揣测。然而，他们谁也不知道大姐的来头。要知道，通常情况下，单位是不会招聘年纪四十多岁的人的，因而，大家都怀疑这个大姐有背景。然而，几天过后，这位大姐并没有表现出什么特别的样子。渐渐地，乐乐又不老实了。他蠢蠢欲动，几天没说笑话，嘴巴都痒痒了。当天下午，办公室接到通知，让每个办公室都出一个节目，参加公司年会。这时，办公室里的十几个人全都议论纷纷，最终没有一个能提得上台面的。为此，乐乐提议：“要不这样吧，既然我们都是五音不全，也就没有必要非得打肿脸充胖子了。我觉得咱们不如演小品，小品又不要求长相，也不要求嗓音，会说话会动就行，对吧？”大家纷纷对乐乐的提议表示赞赏。乐乐更得意了，说：“不如咱们就演前几年红遍大江南北的《还珠格格》，像我这样疯疯癫癫的可以扮演小燕子。”“谁演容嬷嬷啊？”不知是谁，突然喊道。乐乐眼珠子骨碌碌一转，大声说：“哈哈，容嬷嬷不是现成的吗？你们看，天上掉下个容嬷嬷……”一边唱着，乐乐还调皮地指了指那个新来的大姐。

大家看着乐乐如此冒失地就和那个大姐开玩笑，不由得都替他捏了一把汗。这时，大姐冷漠地说：“我是容嬷嬷，那以后可有你受苦的日子了。”在场的人全都啼笑皆非，不知道应该说些什么，也不知道是否应该笑。接下来的几天，那位大姐始终冷着脸，办公室里的气氛异常压抑。几天之后，上司突然过来宣布：“大家好，这位是李主管，未来负责管理销售市场。以后，你们就都是她的下属，希望大家好好配合。”听完这项任命，乐乐简直觉得后脖颈子发凉。果不其然，“容嬷嬷”的外号居然渐渐叫开了，乐乐呢，既堵不住人家的嘴，也无法面对“容嬷嬷”冷峻的面容，只好灰溜溜地辞职了。

人和人相处是非常难的，这是因为每个人的脾气禀性都不尽相同，兴趣爱好也不一样。倘若每个人都像乐乐这样冒昧地和他人开玩笑，那么一定会自寻死路，不知不觉间就得罪了很多人。从乐乐的经验教训中，聪明人一定知道不能随便开玩笑，更不能什么玩笑都开了吧！

现代社会的人与人之间，关系远远不如几十年前那么亲热熟稔。尤其是在职场上，很多人都是面和心不合。还有些权势高的人，是非常在乎员工对上级的尊重和服从的。这一点完全可以谅解，毕竟在家里也是长幼有序的。不管我们年纪是比领导大还是比领导小，我们都应该尊重领导，因为领导的职位比我们高。在普通的同事关系中，尽管大家都是平等的，年纪小的同事也应该多多尊重年纪大的同事。早在《还珠格格》红遍大江南北时，容嬷嬷的形象就深入人心。上述事例中，乐乐把自己比作小燕子，把办公室里新来的大姐比作容嬷嬷，这无疑是非常冒失的。倘若他能够谨慎一些，也不至于一开始就得罪了这个顶头上司。由此可见，我们说话之前一定要过过脑子，三思而行，否则得罪了人都不知道呢！尤其当因为管不住自己的嘴巴而影响前途时，一定会追悔莫及！

第11章　说话方式灵活：巧打圆场，摆脱社交尴尬

在社会交往中，有许多快乐的时刻，也有很多尴尬的场面。只有掌握灵活的说话方式，及时打圆场，才能避免尴尬，让大家都从容自如。说起打圆场，实在需要机智和风趣幽默。当然，也需要一颗宽和包容的心。很多时候，未必与人针锋相对就是胜利者，能够坦然接受对方的嘲讽，面不变色，才是真正的大度雍容。

面对恶意顶撞，淡定才能破解

什么是恶意顶撞？通常，恶意顶撞用来形容晚辈对长辈，或者下级对上级。通常情况下，礼节要求晚辈对长辈应该尊重，下级对上级应该尊重。然而，生活总是变化无常，而且情势也总在短时间内产生巨大的变化，所以，也就导致在一些特殊情况下，晚辈会顶撞长辈，下级会顶撞上级。通常，这种顶撞是有意为之，也因为给对方造成很大的伤害，所以称之为恶意顶撞。

假如你是上级，面对下级的恶意顶撞，你是忍气吞声，佯装没有这回事，还是马上火冒三丈，甚至将其当场开除。即使是脾气再好的人，也有被气愤冲昏头脑的时候。实际情况是，假如在别人恶意顶撞时，你不假思索地奋起反击，以牙还牙，那么一定会降低你的身份。即便是要表现出自己威严的一面，也没有必要以疾言厉色的形式。例如，我们完全可以在下属恶意顶撞之后，波澜不惊，然后再想办法教会下属规矩。需要注意的是，有些下属的恶意顶撞是挑衅，一定是有用意的。职场如战场，上下级关系也难以避免地会在短时间内发生戏剧性的变化。这就使情况更加复杂，我们尤其要留心他人的恶意顶撞。当然，当恶意顶撞发生在晚辈与长辈之间时，情况就简单多了。通常情况下，晚辈是会尊重长辈，并且对长辈表现出顺从。然而，当他们因为某个问题发生尖锐冲突时，恶意顶撞也就在所难免。一般情况下，晚辈对长辈的恶意顶撞，心机的成分很少，大多数是情绪激动所致。既然如

此，假如长辈也跟着晚辈一起情绪激动，则一定会将矛盾推向不可调和。唯有保持淡定冷静，长辈才会更加具有威严，也更容易在理智之中寻找到解决问题的办法。总而言之，不管是职场上，还是生活中，也不管是上下级之间，还是师生、父子之间，当遭遇以下犯上的情况时，千万不要急着发飙。要知道，愤怒一定会使人智商降低，使原本能够得以妥善解决的事情也朝着相反方向发展。既然如此，何不保持清醒和理智呢！

晓君进入公司六年了，非常勤奋努力，才做到今天的职位。她是部门主管，负责管理部门里二十多名下属。不过，近来晓君很苦恼。因为当年和她一起进入公司的同事思彤，如今就像是到了职业发展的疲惫期，不管做什么事情都提不起兴致来，半死不活的。由于晓君的团队是负责销售的，因此思彤这样的言行严重影响到了其他同事工作的积极性。为此，晓君非常郑重地和思彤谈了一次。不想，这几年来业绩始终出类拔萃的思彤根本不把晓君放在眼里，她甚至不以为意地对晓君说："得了，你也就在那些新兵蛋子面前装装大尾巴狼，在我面前就别装了。记得吗？我成为公司销冠的时候你还没开单呢？！"如此的挑衅，晓君勉强忍耐下来。

周一例会，除了思彤，大家全都按时到达。直到例会进行到一半，思彤才姗姗来迟，连句道歉的理由都没有。晓君不由得生气，当着全部门的人面说："从现在开始，凡有未经请假就擅自迟到者，一律按照旷工处理。"刚刚落座的思彤噌地站起来，气呼呼地说："晓君，我给你留面子，你可别自找难看。"晓君不卑不亢地说："思彤，虽然你是和我一起进公司的。对于你如今成为我的下属，我也很遗憾。但是公司领导总不是无缘无故地提拔一个人，你也该想想你有几个月没有业绩了。既然你选择留在我所带领的团队，就必须遵守团队的规则。"思彤气得离席而去，晓君丝毫没有发脾气，而是心平气和地对大家说："在座的，除了我，没有谁的资历比思彤更老。但是，工作就是工作，团队就是团队。我们每个人，都必须放弃小我，融入团队，这样才能获得长远的发展。我希望大家以思彤为戒。"晓君按原计划开完会议，会后，她找到总经理，申请辞退思彤。听晓君叙述完理由后，总经理经过一番考量，同意晓君辞退思彤。在接到辞退通知的那一刻，思彤无论如何也想不明白自己为什么会被辞退。

一直以为晓君不敢对其轻举妄动的思彤，在这次事件之后，一定不会再随意地恶意顶撞上司。职场就是职场，有着严格的管理制度。作为领导，虽然知道思彤的业绩一直不错，但是当她因个人原因对整个团队都起到负面作用，而且威胁到作为团队管理者的晓君时，领导只能权衡利弊，壮士断腕。归根结底，一切都要服从于大局，都要服从于整体利益。

朋友们，你们在生活中是否也曾有过冲动，要与上司对着干呢！或者，你们作为上司，也曾经被下属恶意顶撞过。作为一名管理者，要想管理卓有成效，最重要的就是提高自己的威信。当然，歇斯底里的发狂远远不是领导者所为。真正的大将风范，就是临危不乱，即使面对下属的无理取闹，也依然能够淡定从容，做好自己该做的事情。

解释真相，一定要选择好时机

职场中，难以避免地会被误解。这是因为，老板总是以效率和收益为根本的评判准则，很少去关注细节的问题。在同事之间具体协调的过程中，如果因为协调不到位，或者因为分配不合理，就会导致某个环节的人因此而背黑锅。那么，在职场中遭遇误解时应该怎么办呢？也许有人会说，当然要一刻也不耽误地去找领导解释，否则一旦时间长了，即使解释领导也不相信。毫无疑问，这是一个急脾气的人。与急脾气的人恰恰相反，有些慢性子的老好人，虽然被误解，也不急着做解释。他们似乎已经习惯于默默无闻，或者说领导的好评和差评在他们心里并不重要。这样的做法，同样是不可取的。归根结底，每个人工作不但是为了挣钱，也是为了事业的发展。倘若经常遭遇误解，被领导误以为是一个平庸的无能之才，岂不是再无出头之日了吗！

总而言之，不管是当机立断不管不顾地找领导辩解，还是永远沉默下去，都对于我们的职场生涯无利。最好的办法是，找到恰当的好时机，和领导解释真相。这样既不至于招致领导的厌恶，又洗清了自己，正所谓一举两得。

解释真相，选择好时机是非常重要的。举例而言，假如一件事情发生之后，原本领导正为了解决问题而忙得焦头烂额，你却恰恰在这个时候去缠着领导，让领导听你解释，这岂不是自找难看吗？再譬如，假如你明明知道自己是被冤枉的，却直到领导都忘了这码事，才和领导说起，结果领导丈二和尚摸不着头脑，尴尬自然是难以避免的。要想选择合适的好时机，我们首先应该了解领导的作息安排。有些领导喜欢午休，在领导睡得正香的时候敲门打扰，当然不合时宜。有些领导每天上午集中处理公务，下午时间相对清闲，聪明的人都知道应该选择下午去和领导汇报。此外，还有很多不期而至的好时机。例如，领导钦点你和他一起招待客人，陪客人吃饭喝酒，四处玩耍。那么，你完全可以在领导高兴的时候，装作漫不经心地说出来。这样一来，不但显得你大度，也避免了招惹领导心烦。总而言之，机会时时刻刻都会出现，重要的是我们要成为有心人。

米粒大学毕业后，进入这家金融公司实习。作为实习生，她一直非常小心，处处都很勤奋努力，用心表现。有一天快下班时，与米粒同期的实习生艾雪请求米粒："米粒，我今天晚上有点儿事情，想准时下班。但是，我还有个报表没做完，你看你能不能……"米粒是个特别好说话的姑娘，马上毫不迟疑地说："没关系，我帮你做吧。你把你做完的那部分发给我，我来接着做。反正，我下班早也没什么事情。"艾雪高兴极了，再三感谢米粒。把做了一半的文件发给米粒之后，她就高高兴兴地下班了。米粒熬到深夜才帮助艾雪做完文件，并且连夜发给了主管。

第二天一大早，主管怒气冲冲地找到艾雪，说："你是怎么工作的？你看看你做的报表，有一个重要数据居然错了。你知道这意味着什么吗？如果这份报表交给客户，是要承担巨大损失的。"艾雪嗫嚅着说："主管，这份报表我昨天有事，就拜托给米粒做了。"主管让艾雪喊来米粒，对着米粒劈头盖脸一顿数落。米粒的眼泪在眼眶里直打转，她不知道应该如何为自己辩解。最终，主管让米粒下班之前必须把报表仔细检查一遍再上交，米粒又度过了一个加班的夜晚。几个月之后，米粒凭借着勤奋刻苦的精神留在了公司。有一次，主管私下表扬她说："米粒，你们那几个实习生里，我最看好你。你果然没让我失望。"米粒笑着说："主管，其实我也让你失望过一次。上次，艾雪因为有事，让我帮她完成她做了一半的报表。结果，我误以为她已经检查过她做的那部分了，便在熬夜做完之后只检查了我做的那部分，就给您发过去了。后来，因为我工作的疏忽，艾雪做的那部分报表出现数据错误，可把您气坏了呢！"听到米粒说完，主管惊讶地说："哎呀，你这个丫头，当时怎么不早说呢！我看你眼泪在眼眶里直打转，还以为你是意识到自己的错误了呢！"米粒大度地说："嗨，不管是艾雪做的，还是我做的，主要是因为我上交之前没有通篇检查。我想，这对我也是一种警示。现在，不管是什么样的文件，只要是经我手的，我必须逐个小数点地核对完毕，才敢上交呢！"听完米粒的话，主管欣慰地笑了，说："看来，这就是成长啊！"

米粒选择说出真相的时机非常好。此时，艾雪已经结束实习期离开了。米粒在和主管一起私聊的时候，在漫不经心间说出这件事，一则表现出她的大度，二则说明自己的确成长和成熟了许多。这样一来，主管会因为米粒的敢于承担责任，更加欣赏和赏识米粒。

朋友们，人在职场，你们是否也经常受到委屈呢？不管什么情况下，你们都要记住一个原则，即解释真相一定要等到合适的时机，否则就会导致事与愿违。从现在开始，就让我们更加努力地为自己的成功创造条件吧。处处留心皆学问，只要我们成为生活的有心人，一定会取得突飞猛进的发展！

自我解嘲，才能化解尴尬

自我解嘲，顾名思义，就是自己嘲讽自己。虽然在通常情况下，自我解嘲并非是明智之举，然而在非常时刻，自我解嘲却往往能够起到意想不到的效果，化解尴尬，让自己更加从容不迫。聪明机智的人，在遇到难以面对的情况时，常常会拿自己的缺点、失误等贬低自己，从而抬高他人，让他人不再与自己斤斤计较，最终顺利渡过难关。在尴尬的时候，也有人会进行自我解嘲，这就像是负负得正的数学法则，在尴尬的时候自我解嘲，反而起到了化解尴尬的奇妙效果。

从本意来说，自我解嘲者是为了给自己解围，而不是真的要嘲弄自己。一般情况下，自我解嘲者都是意在言外，偶尔还会采取正话反说或者反话正说的方式。在人际交往中，时常会遇到尴尬的情况。倘若能够灵活地运用自我解嘲的方法，就能在笑声中消除尴尬。尤其是作为职场女士或者是商场里的女强人，因为生理上的弱势，无法保证自己时刻与男性处于平等的地位。倘若这种情况下能够运用自我解嘲的方法，或许会收到意想不到的效果。认真观察的人会发现，很多公众人物，因其一举一动都处于公众的监督和瞩目之下，所以更加容易暴露自己的尴尬时刻。他们其中不乏自我解嘲者，还常常用自我解嘲的方法让自己从困境中脱身呢！

作为《正大综艺》的金牌主持，杨澜红极一时。那个年代，电视的频道还很少，很多人都会特意在周日的下午守候在电视机前，只为了看杨澜主持的《正大综艺》。当时，第九届大众电视“金鹰奖”组委会，特意邀请知名度很高的杨澜去广州市天河体育中心主持颁奖典礼。杨澜的到场，让整个会场都熠熠生辉。然而，在报幕之后退场时，脚穿高跟鞋的杨澜不小心被台阶绊倒，猛地扑倒在地。这样的万众瞩目，再加上电视台的转播，让杨澜的这个跟头简直丢人到家。不过，杨澜非常聪明机智。她丝毫没有停留，而是马上镇静地站起身来，笑呵呵地说：“观众朋友们，难怪古人说马失前蹄

呢。人也有失足的时候，所以大家才有机会欣赏我的狮子滚绣球表演。遗憾的是，我的表演还不够熟练。不过没关系，大家可以尽情欣赏台上的精彩节目，相信他们一定不会让大家失望的！”说着，杨澜冷静地走到台下。这时，观众们全都对她报以经久不息的掌声。

曾经，有位著名的女歌唱家在全国各地巡演。她的演出博得了观众们热烈的掌声，在中场谢幕休息时，她因为不小心，被当时有线连接的麦克风绊倒了。当时，她雍容华贵的演出服还被撕了一条大口子。这么明艳照人的形象与现场的狼狈，形成了鲜明的对比。在场的观众一片愕然，不知道应该作何反应。反倒是女歌唱家比较冷静，只见她马上站起来，扶起地上的话筒，说：“亲爱的观众朋友们，你们实在是太热情了。我都情不自禁地给你们倾倒了。”她的话音刚落，观众就发出了热情的掌声和喝彩声。

作为始终活在观众注目之下的公众人物，杨澜的自我解嘲非常成功。她不但借此消除了自己的尴尬，而且还表现出无比的机智和出口成章的口才。因此，她才能博得全国观众的认可和喜爱。虽然只是短短几句话，她还成功地把观众原本集中她身上的注意力全都转移到舞台上，实现了无缝对接。在第二个事例中，女歌唱家也毫不逊色。她虽然当众摔倒，但是却委婉地赞美了观众们的热情。这样一来，无疑观众们会更加宽容和体谅她，也会给予她更多的如火般热情的支持。

在职场上，很多女性白领一遇到尴尬的事情，就不知所措。殊不知，作为女性和男性同样在职场上打拼，从生理上就有所不足。在这种情况下，女性白领必须变得更加聪明机智，尤其是在很多男性同胞在场且场面尴尬的时候，适当地自我解嘲，适当地调侃，比欲盖弥彰地掩饰效果更好。当然，在使用自我解嘲的办法为自己解围时，一定要观察周围的情势，而且态度要非常真诚。否则，自我解嘲不但没有效果，反而会导致事与愿违。此外，自我解嘲时还要尽量幽默。很多时候，适度的夸张也未尝不可。自嘲，是人生智慧的表现，也是宽容大度的胸怀。

善意的谎言，帮你安抚他人

生活中，每个人都追求真相，大有不找到真相绝不罢休的态势。然而，假如生活中全部都是真相，那么生活就太残忍了。很多时候，我们憎恨谎言，却不得不用谎言安抚他人，也用谎言自我欺骗。记得有一位丈夫出轨的中年女性，在闺密告诉她真相时，崩溃地大喊：“你为什么要告诉我这件事？你为什么要这么做！……我愿意被他骗一辈子。”这就是这位女性最真实的心态。也许，她早就已经知道丈夫出轨的事实，只是丈夫从来不曾露出蛛丝马迹，她也愿意在这善意的谎言中保全家庭。也许会有刚烈的女性朋友说：“这简直就是鸵鸟心态！甘愿被骗一辈子，简直太傻了。”其实，每个人的生活都有其不为人知的一面，每个人对于生活的考量也都有不同的侧重点。有些女人在丈夫出轨中恨不得鱼死网破，有些女人在丈夫出轨中只愿意成为欺骗自己的鸵鸟，这又有何不可呢？只要自己觉得幸福，生活就是值得的。

在那些凡事都要追求真相的人群中，不乏有些人缺乏同情心。每当知道一些残酷的事情，他们根本不会考虑给未知的当事人一段时间缓冲，更不会改变方法换一种表达方式说出真相，而是不由分说地就把真相如竹筒倒豆子般说出来，并且美其名曰：“我宁愿被伤害，也不愿意被欺骗，包含任何形式的欺骗。”的确，有人就是活得如此纯粹和任性。但是，大多数人是脆弱的。在沉重的生活中，如果你觉得对方可能不足以承受真相，何不用善意的谎言欺骗他呢！你无须觉得自己的欺骗是不道德的，也许你的坦白才是对方不能承受之重。

安娜是一名全职妈妈。她没有办法工作，因为她有一个与众不同的儿子需要照顾。自儿子很小的时候起，安娜就必须寸步不离地跟着他。直到儿子进入幼儿园，安娜疲惫不堪的心才有了些喘息的机会。在幼儿园的第一次家长会上，老师闪烁其词地对安娜说：“小宇妈妈，我建议您带小宇去心理医生那里咨询一下，我觉得小宇和普通孩子不一样。”安娜的心简直要碎了。

回家之后，她对眼巴巴地等她的儿子说："宝贝，老师说你有很大的进步。你之前每节课只能坐三分钟，现在已经能坚持坐在座位上认真听讲五分钟啦！"儿子高兴极了，说："太好了，老师表扬我了，老师表扬我啦！"

几年之后，小宇进入小学。开学后不久，老师举行了新生入学的家长会。家长会结束后，老师对坐在后排的安娜说："小宇妈妈，小宇和别的孩子有些不一样，你是否考虑让他去特殊教育学校呢？"安娜含着眼泪从教室里走出来，马上偷偷地擦干眼泪，对等待在校门口的儿子说："儿子，你很棒！老师说，你只需要努力一些，就能考到60分！"听了妈妈的话，儿子回家就主动地拿出课外补充习题开始写。第二天早晨，他更是早早起床，收拾好书包，等着去学校。又过了几年，小宇读初中了。在初三家长会上，老师对安娜说："小宇很难考上重点高中。"家长会结束，安娜依然平静地对儿子说："小宇，老师说只要你努力，还是很有可能考上重点高中的。"就这样，日复一日，年复一年，安娜终于等到了儿子的名牌大学录取通知书。在拿到通知书的那一天，儿子哭着对安娜说："妈妈，我知道我一直都不优秀。是你相信我，我才变得优秀。"看着如今优秀的儿子，安娜泪如雨下。

如果安娜每次都残忍地对儿子说出真相，告诉儿子老师的评价。那么，儿子一定会注定一生平庸。幸运的是，小宇有安娜这样一个好妈妈。她是那么地爱撒谎，用这些善意的谎言，把原本由儿子承受的压力都转嫁到自己身上。因为她的坚持，儿子才能更加快乐健康地成长。可以说，儿子的优秀是安娜用善意的谎言堆砌起来的。

当人们想对不好的事情表达美好的愿望时，往往就会说出善意的谎言。在事情陷入绝境时，善意的谎言不但能够安抚他人，也能给我们濒临崩溃的精神以有力的支撑。很多时候，被欺骗的人明明知道善意的谎言是假的，却依然愿意相信。这是因为，他们知道说出善意谎言的人，一定是爱他们的人。生活不必睚眦必报，也不必凡事较真。在很多人抨击善意的谎言也是谎言，善意的谎言也难掩谎言本质的时候，别忘记了，善意谎言的初衷并非居心叵测，而是善良和爱。很多时候，善意的谎言拥有神奇的力量，甚至能够

改变人们绝望的处境，使其在心中存有希望时，柳暗花明又一村。

如愿以偿，语言也需要包装

语言，很多时候真的是有生命的。假如拿刀割它，它也许会流血。语言常常是很残酷的，就像是一把锋利的刀子，仿佛要把人的心尖剜掉。既然语言也拥有这么邪恶的力量，我们一定要谨慎地运用。民间说，会说说得人笑，不会说说得人跳，这还不是最严重的。最严重的是，语言能够刺激人致死，也能融化人心底里的千年寒冰。好也是它，坏也是它，能左右语言的，是我们的心灵。很多时候，当我们不得不说出难堪的真相，何不包装一下语言呢！至少，让它看起来平缓柔和，不那么古板生硬。

前文说过，语言是人与人之间交流的介质。倘若能够灵活运用语言，我们的交流就会更加顺畅。相反，假如总是词不达意，或者说起话来让人心里难受，只怕人际关系的发展会处处碰壁，很难如愿以偿。尤其是社会经验丰富的人，感受会更加明显。同样的一件事情，由不同的人以不同的语言表达出来，效果大相径庭。因此，当我们打着真诚的旗号想要结识更多的朋友时，千万不要觉得只要有真诚就足够了。虽然内容很重要，但是形式同样不容忽视。

这个周末，王强一边盯着手里的百度地图，一边四处游荡。他刚刚调到这个城市的分公司不久，因此总是趁着闲暇时间熟悉周边的环境。正当他全神贯注地寻找一家超市时，突然一个背着背包、大学生模样的女孩拦住他。女孩开门见山地说："您好，先生，我是红十字会的志愿者，正在进行募捐活动。如果您捐款，我们会送您一个徽章作为纪念。"王强被这女孩直截了当的表达弄蒙了，一时回不过神来。他仔细打量女孩，看到女孩的确穿着红十字会的衣服，也拿着红十字会的徽章。但是，他很犹豫。现代社会骗子横行，他怎么才能确定这个女孩的真实身份呢！他犹豫了，最终拒绝了女孩的

请求。他漫无目的地走着，思来想去，觉得这个女孩应该真的是红十字会的志愿者在进行募捐。然而，他又想：这样募捐，只怕收效甚微。

王强走了一圈，居然回去寻找女孩。果不其然，经过他的一番观察，给女孩募捐的人少之又少。这时，王强走上前去，说："你好，我觉得你可以换一种方式表达，效果也许会更好。"说着，王强开始教会女孩表达的技巧。在王强的指导下，女孩对着从不远处走过来的一位男士说："先生，您好！非常抱歉，耽误您宝贵的一分钟时间。我是中国红十字会的志愿者，南开大学的学生孟雪。今天，我们为了汶川地震进行募捐，希望您能停留下来了解一下。不管您捐献多少善款，我们都会赠送您一枚红十字的徽章，感谢您为汶川灾区贡献自己的一份力量。谢谢您！"听完女孩说话，那位男士略有迟疑，之后掏出钱包捐了二十元钱。女孩受到很大的鼓舞，连连感谢王强。就这样，一个上午下来，女孩居然募集到几百元的善款，这让她非常激动。分别在即，女孩再次感谢王强。当然，王强也没有忘记捐出五十元钱，为灾区贡献自己的一份爱心。

在没有包装之前，女孩的表达方式是开门见山式的。她根本不在乎对方的感受，只是一股脑儿地说出了自己的需求。经过语言的包装之后，她的语言显得不那么生硬直白了，而且能够从他人的角度考虑问题，更加体贴。当然，她的语言也更加有礼貌，消除了捐款人关于捐多少钱的心理压力。如此一来，她的募捐效果自然大为改观。这就是包装语言的重要性。同样的事情，即便是由一个人来说，如果语言表达方式不同，也会给人留下截然不同的印象。

生活要想变得更加美好，就应该有更多的人加入包装语言的队伍中来。这就像是夫妻关系。有些夫妻说起话来就像打机关枪，一辈子打打闹闹，没有一天消停的时候。有些夫妻则完全不同，他们相敬如宾，举案齐眉，说话从来连脸都不会红的。人际关系也是如此，要想与他人搞好关系，就应该努力改变自己的语言方式，做出高情商和高智商的表达。要知道，当别人还不了解你时，你的语言就是你的名片，借助你的语言也能最生动地向别人传达了你的敬意。

第12章　说话讲究策略：探求真实心理，委婉进行说服

不管做什么事情，都应该讲究策略，说话也是如此。作为人际沟通的介质，说话往往能够起到意想不到的作用，既能成就一件事情，也能摧毁一件事情。既然如此，就要事先调整好思路，经过仔细思索，再想想一件事情究竟该如何说，才能起到最好的效果。尤其是在现代职场上，假如能够灵活运用语言，则往往事半功倍，有助于职业生涯的发展。

与其强硬，不如适当示弱

现代社会，竞争越来越激烈，人们的生存压力越来越大。每个人的生存压力导致人们的心态也越来越浮躁。一个人，即使能力再强，也无法单打独斗，成为全能手。尤其是现代职场，都是讲究合作的。每个人只有与同事、朋友之间更好地合作，才能在职场上立足，获得长足的发展。从某种意义上说，一个人的发展很大程度上取决于能否搞好人际关系。只有与同事之间密切、融洽地合作，才能犹如大鹏展翅，翱翔云天。只有努力发展好人际关系，才能在职场上如鱼得水，意气风发。

搞好人际关系，除了坚持真诚坦率的基本原则之外，还得注意语言的技巧。生活中，有些人总是态度强硬，不管是对上级还是对下级，总是牛不喝水强摁头，除了使蛮劲之外，丝毫不懂得使用技巧。实际上，没有人愿意被人强迫。正如人们常说的，强扭的瓜不甜。只有心甘情愿，人们才能提高效率，更好地完成任务。这就要求，人们在说话时，与其态度强硬，不如适当示弱。很多情况下，适当示弱反而能够收到意想不到的效果，使原本容易发生的矛盾和争执，消失于无形。不但职场上如此，各种关系都是如此。只要能够放低姿态，处处示弱，就会扭转不利的局面，让自己更加占据主动。其实，早在古时候，充满智慧的先人就曾经提出四两拨千斤。由此可见，借力打力，是很多情况下都适用的。

小娟是个独生女，平时习惯了在父母的呵护中生活，不管什么事情都由着自己的性子。自从和李伟恋爱之后，李伟也无微不至地照顾小娟，这就更加助长了她的任性。结婚之后，小娟与李伟正式步入婚姻生活，原本热恋时期的甜蜜不复存在，他们反而经常吵架，简直成为冤家。这不，小娟下班回家，看到地上脏兮兮的，还没有拖干净，因而生气地对李伟说："你比我先到家，为什么不把地拖拖呢！你就跟个大爷似的，等着谁伺候呢，赶紧拖地！"听到这话，李伟火冒三丈，气愤地喊道："你还好意思说我？从结婚到现在，你拖过一次地吗，做过一次饭吗！你还以为你是那个娇滴滴的公主呢，告诉你，从现在开始，你已经正式成为家庭主妇了！洗衣做饭，你赶紧学吧！"听到李伟如此不客气的话，小娟不由得委屈地哭起来。她收拾衣服，一气之下回了娘家。

看到小娟红肿的双眼，妈妈问清楚缘由，不由得责怪小娟："闺女啊，你还记得结婚那天妈妈怎么告诉你的吧，你现在不是爸爸妈妈的掌声明珠啦，你是人家的老婆啦。你说，你自己不会干家务，还颐指气使地对待李伟，他怎么能不生气呢！你呀，想让李伟多干些活儿也行，那可是要讲究方式方法的。你想吧，哪个大男人愿意被你呼来唤去的呢？！假如你能适当撒撒娇，示弱，让李伟主动帮你多分担些家务，效果是不是更好呢！"在妈妈的启发下，小娟茅塞顿开。她在妈妈家住了一天，就主动收拾东西回家了。趁着李伟还没到家，她主动洗手作羹汤，居然按照菜谱炖了鸡汤。回家打开门的一瞬间，李伟闻到香浓的鸡汤味道，觉得幸福极了。周末休息时，小娟看到堆积如山的脏衣服，想起妈妈说的话，因而温柔地对李伟说："老公，我大姨妈来了，肚子疼，也不能沾凉水。你能不能洗洗衣服呢？"看着小娟蜡黄的小脸，李伟赶紧把衣服洗了，还主动去菜场买了排骨，给小娟做了最爱吃的糖醋排骨。自从这次尝到适当示弱的甜头后，小娟发现这个方法简直屡试不爽。此后，她经常使用示弱的办法，居然渐渐改掉了对人颐指气使的坏毛病，整个人都温柔多了。她与刘伟的关系，也水到渠成地更加和谐融洽。看到李伟乖乖听话的样子，小娟觉得幸福极了。当然，李伟也说自己更爱这个温柔的老婆了。

很多人在有求于人的时候，碍于自己的面子、身份等原因，总是放不下身价，反而对他人颐指气使。殊不知，这样一来，原本愿意对其伸出援手的人，也会因为不高兴而拒绝他的请求。这样一来，原本的好事就变成了坏事。其实，人原本没有高低贵贱之分。很多人之所以能够活得淡泊从容，就是因为能屈能伸。

人生一世，根本无法预料自己会经历什么。与其艰难地揣测，不如随遇而安。只有怀着一颗淡定从容的心，宠辱不惊，才能适当示弱，为自己的人生争取更多的帮助。很多时候，当你示弱时，你会发现自己其实并没有想象中的那么坚强，你会发现示弱也并不意味着卑微。相反，一个顺应变化的人，一个坚强生活的人，是值得所有人尊重的。

回报心理，助你以退为进

所谓回报心理，顾名思义，就是在得到对方的好处时，也给予对方相应的好处。往简单里说，就像是低龄幼儿在一起玩耍时，花花给了小虎一块饼干，小虎呢，也把自己最喜欢的糖果给了花花。随着年纪逐渐增大，他们还会交换玩具等。这样的现象在成人看来，无疑觉得非常有趣，也为孩子的童真所感动。实际上，不仅仅孩童时代存在这样的回报心理，在成人之间，回报心理同样存在。例如，最举世瞩目的爱情，就建立在回报心理的基础上。和一见钟情的爱情不同，日久生情的爱情表现出更明显的回报心理。大多数日久生情的爱情，都是在长期的相处中，渐渐被对方的好所感动，因而做出回应。如此一来二去，自然感情越来越深，直至爱情的诞生。此外，在和朋友、同事相处时，人们也会情不自禁地遵循回报心理。从某种意义上来说，这与老祖宗留下的礼尚往来是相互吻合的。其实，人和人的交情的深浅，就

是在你来我往的彼此回报中实现的。既然回报心理如此普遍，我们何不运用回报心理与人相处呢！如果能够很好地运用回报心理，也许能够帮助我们更好地达成目标呢！

经历过谈判的人都知道，在谈判桌上，很多经验丰富的谈判高手，都会运用回报心理，让对方主动做出让步，从而实现他们的心理预期。有的时候，他们还会在谈判之初故意说出比较苛刻的条件，等到进入讨价还价的阶段，再适当主动做出让步，从而让对方也相应地做出让步，最终达成他们的心愿。如此一来，他们既避免了与对方针锋相对地讨价还价，又相对轻松地实现了自己的目标。其实，这种现象在生活中也时有发生。例如，你想买一件昂贵的衣服，但是觉得太贵了，想让卖家给你优惠一些。假设衣服是一万元钱，你想让对方打九折，那么如果你直接请求对方打九折，对方通常不会直接答应，而是给出九五折的折扣。假如是谈判经验丰富的高手，这时会首先提出让卖家打八折，如此一来，就降低了卖家的心理预期。如果他能主动打九折，那么最终应该是八五折成交。或者对方给出九五折，那么也基本上能以九折成交。这样看来，你砍价的过程会变得更加顺利，最终的结果也基本能够让你接受。这只是一个简单的事例，虽然简单，但是道理是相通的。假如你能够更好地运用这种谈判的技巧，即使是在高端的谈判场合，也能收到一定的效果，使谈判事半功倍。

这次的合作，对于公司未来的发展至关重要。作为首席执行官，玛丽亲自带队，带领谈判团队赶赴遥远的法国，与那里的合作伙伴展开最终的谈判。这次谈判，主要是确认合作的细节，涉及到利益的分配等。因此，玛丽对此丝毫不敢小觑。

果不其然，合作公司也拿出了强势的阵容，看来，他们同样意识到合作势在必行，但是此次谈判却决定了长久的利益。为了最大限度地为公司争取利益，玛丽此前提出的条件非常苛刻。她知道，法国公司也是非常期望这次合作能够达成的，因此她自认为有筹码提高合作条件。不过，她的谈判助助手不止一次提醒她："玛丽，这样的谈判条件是不是太苛刻了，如果对方取消合作怎么办？”玛丽笑了，故弄玄虚地说：“他们肯定不会取消合作。到了谈判现场，你只需要配合我即可。”在谈判现场，当玛丽说出合作条件时，对方谈判人不由得深吸一口气。玛丽看在眼里，却毫不表态。直到对方谈判代表列举了很多困难的条件，谈判也进行了几个回合之后，玛丽才说：“这样吧，我请示下总部。如果可以，我会尽量为你们争取利益的。你们等我的消息吧。”第二天，谈判才继续举行，玛丽装作高兴的样子对对方谈判代表说：“经过昨天晚上与总部的沟通，我为你们争取到了有利的条件。总部决定，再给你们让出两个百分点，这样你们也有了更大的利益。”对方依然很为难，他们说：“玛丽，咱们已经打交道很长时间了，你也了解我们不是见利忘义的。只要有可能，我们还是非常愿意与你们合作的。原本，我们的老板坚持要再争取八个百分点才能合作。既然你也努力为我们争取利益，我和老板再请示一下，看看能否你们再让出五个百分点，咱们达成合作呢？也希望你能理解我们的苦衷。”玛丽知道，这是对方的底牌，也是她想要的结果。为此，她马上说：“这样吧，你们去请示老板，我再去请示总部。十分钟以后，咱们在这里见面，决定最终的结果。”结果当然是如玛丽所愿，以苛刻条件下让出五个百分点的让步，成功签约。其实，玛丽原本就是想以这样的结果签约，如今，对方公司对玛丽感激不尽，还盛情款待了玛丽的团队。

在这次谈判中，玛丽就运用了回报心理。原本，在玛丽提出的苛刻条件下，对方提出要让八个百分点。然而，在玛丽提出让两个百分点之后，对方看到玛丽做出让步，因而也降低要求，希望能让五个百分点。殊不知，这恰恰就是玛丽谈判的目标。这样一来，双方皆大欢喜，未来的合作也会更加顺畅。

朋友们，你们在生活中是否也曾遇到这样的拉锯战呢！运用回报心理，必须注意的一点是，千万不要一开始就亮出底牌，而是应该留给自己一个退步的空间。这样，谈判才会更加顺利，你也才能如愿以偿。

真真假假，玩笑中拨开迷雾

人生总是变幻莫测，人的一辈子也总是在欢喜和失落的交替中前行。很多时候，我们会遇到各种尴尬的情况，无法直言说出自己的真实想法。尤其是对于比较内向和害羞的人来说，更不好意思直接表达自己的意见，遇到这种情况应该怎么办呢？其实，我们真应该感谢博大精深的中国汉字。中国的语言，随着语境的改变，往往有多重意思。自古以来，人们就常说“醉翁之意不在酒”“意在言外”等。由此充分说明，中国博大精深的语言文化，向来能够起到意在言外、敲山震虎的效果。

在生活中，与亲近的人之间，按照常理应该是无话不谈的。但是实际情况却是，越是亲近的人，很多话反而不好直截了当地说出口，因为顾虑太多，也因为不想让彼此的感情受到伤害。尤其是在职场上，人际关系更加微妙，倘若不能做到知无不言，言无不尽，那么说话之前就更应该费心斟酌。尤其是上下级之间，有的时候一句话说不好，就会导致关系破裂，影响职业前途的发展。在上述类似的这些情况下，其实可以采取一种真真假假的方式，以开玩笑的口吻说出来。以此来观察对方的反应，如果对方介意，则马上见风使舵，掉转话锋。如果对方没有表现出明显的愤怒，则可以继续深入问题，明确表达。如此一来，相当于双向选择，既表达了自己的心声，也不伤害对方的感情，可谓一举两得。

老宋是个特别腼腆的人，退休之后，女儿给他找了个在诊所坐诊的工作，面试还是女儿陪着他去的呢！一切的薪资待遇等，都是女儿和老板谈好的，否则，他一定不好意思这样直截了当地和老板谈钱。刚开始时，老板还比较好，每个月都能按照约定的薪资水平按时发工资。然而，几个月以后，老板也许是因为缺钱，也许是因为老宋老实巴交的不爱说话，居然开始拖延工资，薪资水平也降低了很多。

这种情况下，再让女儿去找老板显然不合适了。思来想去，女儿给老宋

支了一招，让他想办法等到老板在场的时候，开玩笑提一提工资的事情。这天，正好老板请客聚餐。老宋喝了点儿酒，微微有些醉了。看到老板叮嘱大家好好干，老宋脱口而出："老板，我们是好好干着呢！不过，这工资什么时候发啊！人家都说水涨船高，咱们这船就算是不高，也不能低了吧。今天这顿饭我吃的特别多，因为再不发工资，吃这顿饭得管三天啦！"听到老宋这么说，老板也不能说什么，只得说："放心，这几天有点儿困难，缓几天一定发。咱们不会水涨船低的，要不大家哪里还有积极性啊，放心吧！"果然，几天之后，老板把工资补发了，这个月，老宋的工资的确又接近于之前承诺的水平了。

作为员工，虽然和老板要工资是理所当然的。然而，作为依然在一起共事的员工，显然不可能和老板的关系搞得太僵。在这种情况下，既要委婉地把工资要到手，又不能招致老板反感，说话就必须动动脑筋，两者兼顾。幸好，老宋有个出谋划策的女儿，教会他用这个开玩笑的方法，听起来真真假假、虚虚实实，实际上说的都是真话。拿到工资的老宋非常高兴，工作起来也就更加兴致高昂啦！

不管是在工作中，还是在生活中，我们都难免会遇到尴尬的情况，导致有些话无法直接说出口。这种情况下，如果能够找到合适的时机和场合，以开玩笑的口吻说出自己的诉求，则对方非但不会责怪于你，反而还会感谢你照顾了他的颜面，也会更加理解和体谅你的诉求。如此一来，问题得以解决，双方依然友好相处，岂不是皆大欢喜嘛！

大数据时代，用数据说服他人

现代社会，已经进入大数据时代。作为全球知名咨询公司，麦肯锡最早提出大数据已经到来。从此，大数据风靡全球，在诸多领域创造了骄人的成

绩。后来，随着互联网的飞速发展，信息进入大爆炸模式，大数据也引发了人们更为广泛的关注。可以说，如今的大数据已经和云计算、互联网平起平坐，成为又一项具有革新性的技术革命。数据是真正的资产，是非常精确的统计测算，在以数据与计算为依托的基础上，数据为人们的测量、统计和分析，提供了无可取代的依据。如今，在一切都以信息实现贡献的今天，数据成为至关重要的核心。很多人对大数据没有明确的概念，然而，互联网上的统计数据告诉我们，互联网一天的内容能够刻满1.68亿张DVD，互联网一天之中传递的邮件高达2940亿封，每天通过互联网平台卖出的手机数量高达37.8万台……如此精确的数据，让我们瞬间对于互联网的一天有了明确的认识。即使是一个不熟悉和了解网络的人，在通过这些数据了解互联网的一天之后，也马上能够对于互联网的一天产生概念。对此，有人高度评价大数据的到来，它的价值足以与黄金和石油的问世相媲美。

也许有人会说，我们作为普通人，并不需要大数据的支持。对于我们而言，我们只需要使用QQ、微信、Email，至于大数据那些重要的功能，对我们并没有太多的影响。我们所不知道的是，华尔街那些金融专家们，正在通过互联网的这些数据发家致富。通过对数据的整理分析，他们敏锐地觉察到各种行业的微妙动向，从而做出先人一步的决定。例如，华尔街通过研究股民的情绪，决定是否抛售股票，及时套现；银行机构通过监测求职网站提供的岗位数量，从而推断出就业率的高低……总而言之，这些数据无异于宝藏，等待着人们及时发掘。对于普通人而言，也许生活中并不需要这些宝贵数据的巨大能量，但其最起码能够起到一个与每个人都息息相关的作用。所谓群体动物的人，在与其他人意见有分歧时，难免会发生矛盾和争执，双方都会企图说服对方。实际上，说服并非是简单的几句话，而应该拿出实实在在的证据。很多时候，这些数据，就是确凿的证据，它们在说服过程中起到的作用超出你的想象，肯定比你口若悬河、滔滔不绝更好。

大学毕业后，找工作特别不顺利的亚楠，准备开一家网店。然而，父母却表示强烈反对。父母反对的理由很简单："如果你早点提出要开淘宝，那你根本不用花掉家里十几万去读大学啊。即使你只有高中文凭，也照样开淘宝。既然如此，你不是白上大学了吗？！”面对爸爸妈妈的不理解和不支持，亚楠非常苦恼。她想尽办法劝说父母，却始终没有收到明显的成效。后来，亚楠的好朋友西西问：“亚楠，你知道你的父母为什么反对你开淘宝吗？”亚楠摇摇头，说：“他们觉得开淘宝等于大学白上了。”西西说：“我觉得也不是。我觉得叔叔阿姨应该是不了解淘宝发展的广阔前景。你想啊，他们一直习惯于去超市、商场买东西，根本不懂网购。如果他们知道你即使在网上投入很少的成本，也能自己当老板，而且有生意可做，是不是就不会这么抵触啦？”西西的话让亚楠茅塞顿开。

再次和爸爸妈妈提起淘宝问题时，亚楠拿出了一组非常精确的数据，告诉爸爸妈妈全国有多少网民，又有多少年轻人喜欢在网上购买东西。看到这些精确的数据后，爸爸妈妈大吃一惊，说：“这些东西都可以在网上卖吗？而且，还有这么多人买？”接下来，亚楠给爸爸妈妈一一列举了网上购物的好处，还说现代很多白领根本没有时间逛商场，非常热衷于网络购物。在亚楠以数据作为依据的强大支持之下，爸爸妈妈的态度渐渐转变，从反对亚楠开淘宝，到接受亚楠开淘宝。等到亚楠的淘宝店开起来之后，看着每天川流不息的快递，爸爸妈妈知道亚楠的淘宝生意越来越红火，不由得心花怒放。

在这个事例中，亚楠之所以能够说服父母，就是因为她拿出了精确的数据。爸爸妈妈一开始反对亚楠，也是不了解网络蕴藏的巨大市场。现在，他们看到亚楠淘宝店的生意越来越红火，也觉得非常高兴。这就是数据的魅力。很多时候，有些话显得非常空洞，也缺乏理论的依据。数据则不同，所有的数据都是根据统计测算出来的，具有科学性、客观性和理论性。也因此，数据具有很强的可信性。

不管是在生活还是在工作中，我们时常需要说服他人，接受和采纳我们的意见或者建议。当我们彼此之间谁也无法说服谁时，唯有拿出确凿的数据，才能成为最有力的论据，起到说服他人，使其心服口服的作用。

反驳他，不如把意见“移植”给他

生活中，我们常常看到某些人为了不同的观点争得面红耳赤。他们都想让对方听从自己的，却不知道对方也和他一样。在这种情况下，如果因为争执伤了和气，显得得不偿失。最好的办法是不要争执，如果你认为自己是对的，就潜移默化地把自己的意见移植给他。要知道，人们对于他人强加给自己的意见总是特别排斥，就像身体本能地排斥异物一样，思想也不喜欢被强加。如果是自己心甘情愿的想法，则完全不同。这就是像父母对待孩子，自己生的孩子，怎么看都喜欢，都高兴。别人的孩子呢，怎么看都不顺眼。因此，当你潜移默化地把自己的意见“移植”给他人之后，他人一定会把它当成自己的孩子，越看越喜欢。这样一来，他的执行力也会大大增强。由此可见，把意见移植给他人，才是彻底解决问题的最好办法。

人们往往都有这种体验，过度地争执，虽然说是对事不对人，但是依然会不知不觉间伤害感情。因此，避免争执是完全有必要的。当然，不争执并不意味着放弃自己的观点。很多时候，越是争执，对方的防范心理和抵触心理越强。如果能够心平气和地解决问题，让世界充满和平，岂不是更好吗？！常言道，树是死的，人是活的。人之所以和树不一样，就是因为人拥有灵活的思维，能够根据情况想出最合理的办法，解决问题。倘若世界上的人都是头脑不会拐弯的一根筋，那么这个世界一定会整日纠纷不断，再也没有和平可言。其实，不管遇到什么问题，解决问题才是我们的根本目的。无论我们多么着急或者急迫，都不能本末倒置，因为争执而伤了和气。否则，一定会得不偿失，追悔莫及。

对进入青春叛逆期的淘淘，妈妈在与他无数次摩擦和碰撞之后，终于找到了合适的方法驯服他。刚开始，不管妈妈说什么，淘淘都是毫不犹豫地反对，反对，再反对。因为渴望独立自主的他，潜意识里认为妈妈不管提出怎样的建议，目的都是为了控制他。如此一来，母子关系怎能不紧张呢！后

来，妈妈发现淘淘其实并不是反对她提出来的合理建议，而只是反对她。因为这些建议是妈妈提出来的，所以不管是否合理，淘淘一律反对。了解这一真相后，妈妈决定换种方式与淘淘相处。

这个周末，淘淘准备和同学一起去游乐场玩。妈妈原计划给他准备苹果作为零食水果带着，不过，妈妈知道如果明确提议苹果，淘淘一定会百般不乐意。因此，妈妈首先说："淘淘，你们去游乐场得带水果吧，你觉得带葡萄怎么样？"淘淘皱着眉头说："葡萄合适吗？！"妈妈笑着说："也是哦，葡萄水大，皮薄，容易挤碎。那你觉得带油桃呢？"淘淘又说："油桃有籽，我还要带其他东西，那里能腾出手来拿籽啊！"妈妈思来想去，说："也是，我觉得你应该带富含维生素，但是又不会被挤烂，而且比较好拿的水果，比如梨子？那我得下楼买。"这时，淘淘灵机一动，说："不用下楼啦，妈妈，咱家不是有苹果嘛，而且完全符合要求。""淘淘，你可真聪明。你的选择是明智的，妈妈支持你。"妈妈高兴地说。就这样，淘淘高高兴兴地拿着妈妈给他准备的苹果，和同学一起去游乐场玩了。

虽然只是生活中的一件小事，但是妈妈成功把自己的想法移植给淘淘的做法值得我们每个人借鉴。经历过孩子青春叛逆期的父母一定知道，这个时期的孩子简直就像个刺猬，不管父母说什么，他们都不由分说地对着干。原本想让淘淘带苹果吃的妈妈，只好拐弯抹角，引导淘淘自己说出带苹果的好主意。这样一来，淘淘既不会叛逆，妈妈也称心如意。不过，这可是需要技巧的。在使用这个方法时，我们一定要了解自己的谈话对象，知道我们说出一个提议之后他会作何反应，这样才能未雨绸缪，一步步地引导他说出我们的想法。

生活中，我们经常会因为各种各样的事情，与他人产生分歧。当语言的正面沟通无法收到预期效果时，尤其是我们面对的是一个倔强的人时，与其费尽口舌地说服他，不如潜移默化地把自己的观点"移植"给他，这样一来，彼此就不会有因抵触而带来的难堪，又达到了目的，可谓一举两得。

第13章　说话需择善言：给他人留面子，有理也要让三分

中国人最爱面子，自尊心也特别强。很多时候，宁愿“里子”吃点儿亏，我们也会选择保全面子。这就是大多数人的面子之道。了解这一特点，我们在和他人相处时，就应该学会给他人留足面子。很多时候，有些人喜欢得理不饶人。殊不知，得理不饶人伤的是对方的面子，一定会让你们的关系极度恶化。相反，那些有理也会让三分的人，才更容易博得他人的好感，赢得他人的认可。

给他人留面子，就是给自己留面子

很多人自以为讲道理，处处都要争个你长我短。虽然很多事情看似是他们占理，但是当他们得理不饶人，把无理的那一方说得抬不起头来时，想来习惯于帮助弱者的人们，一定会掉转话头，改为支援弱者。归根结底，人非圣贤，孰能无过。人只要活着，每个人都会犯错误。适当地批评和纠正，犯错的人一定会及时改进。然而，如果一味地喋喋不休，丝毫不留情面地批评对方，那么就会伤害他人的自尊，让他人丢掉面子。甚至，他人有可能因为恼羞成怒，一改羞愧的模样，转而与你针锋相对，寸步不让。如此一来，你岂不是也会丢掉面子吗？这么想来，聪明人不会得理不饶人，而是会在得理的情况下表现出宽容大度的高姿态，反而树立了自己的良好形象。

从某种意义上说，给他人留面子，就是给自己留面子。人与人之间，尊重是相互的。如果我们想要得到他人的尊重，我们首先要尊重他人。在自觉理由充分的情况下，不要揪着对方的错误不放，才能更加赢得对方的尊重。

王强和李伟都是公司的新进职员。王强脾气暴躁，特别容易被激怒。相比之下，大家更喜欢温文尔雅的李伟，因为不管遇到什么情况，李伟都能不骄不躁，最终圆满解决问题。原本，王强和李伟分属于两个不同的部门，很少有交集。然而，在一次合作项目中，王强和李伟成了搭档。因为对项目有分歧，王强火冒三丈，居然和李伟吵了起来，虽然李伟再三解释，王强却

不由分说，非要和李伟决斗。面对这样的情形，办公室的同事们都捏了一把汗。毕竟，大家都是为了工作，完全没有必要为此争个你死我活呀。

同事们紧张地跟到走廊里，生怕王强和李伟打起来。王强怒气冲冲地说："你说吧，时间和地点，我们必须争个胜负输赢。"大家原本以为李伟会充当消防员，不想李伟当即表示同意。正当大家纷纷感到紧张时，王强问："你选择什么武器，时间地点由你说。"只见李伟笑着说："哈哈，那就现在吧，就在走廊里。我的武器是空气，我可不想壮志未酬身先死啊！我还想与你一起圆满完成项目，等到经理的奖赏呢！"听了李伟的话，王强不由得笑了起来。就这样，一场冲突消失于无形。

原本，面对王强的不断挑衅，大家都很担心李伟也会愤怒地与其据理力争，甚至惊动公司领导，导致他们的职业生涯受到影响。不想，李伟非常宽容大度，在王强的再三挑衅下，占据有理一方的他，非但没有得理不饶人，请领导出来主持公道，反而主动想办法化解矛盾，逗笑王强。如此一来，王强还怎么和李伟较真呢！经过这次事件，想必他们之间的合作也会变得更融洽。李伟非常聪明，他很明白，作为公司领导，最不想看到的就是员工之间钩心斗角，无法友好协作。那么，虽然他占据道理，但是如果把事情弄得尽人皆知，不管事情的处理结果怎样，对于他们这些费尽辛苦才得到工作机会的应届大学生而言，损失都是巨大的。为此，他选择给王强留足面子，自己则适当低头，最终使事情有了圆满的结果。此外，如果觉得给他人留面子是贬低自己，也可以学习李伟的方法，以幽默的方式降低姿态。如此一来，即使对方再怎么难缠，也会被你的真诚和友好感动，不再对你咄咄逼人。

每个人都爱面子，这是因为面子是我们在他人面前表现出来的尊严。如果一个人丝毫不爱面子，那么则可能破罐子破摔，一定也会失去进取心。从现在开始，我们也应该学会得理饶人，因为给别人留面子，就是给我们自己留面子。世界只有变得和谐美好，每个人才能获得更多的幸福感受。从现在开始，就让我们拥有宽容博大的胸怀吧，要相信有付出一定会有回报的！

“和稀泥”也是一种交流技巧

提起和稀泥，一定有人会想起孩童时代，和小伙伴们在一起玩泥巴的情形。那个年代，几乎没有什么玩具，泥巴就是孩子们最好的玩具。泥巴和水，被均匀地和在一起，变得黏腻。它可以被塑造成任何形状，只要你比稀泥稍干一些即可。当然，如果孩子们想玩烂泥糊，就多放一些水。光阴流转，转眼之间，几十年如白驹过隙。当年曾经一起和稀泥的孩子们，已经成为现代社会的中坚力量，他们或者进行科学研究，或者在单位成为中高层领导者，或者做着普通的、默默无闻的工作。无论怎样，他们无法再回到孩童时代一起和稀泥。然而，他们或许并没有停止“和稀泥”的工作。这里所说的“和稀泥”，并非指真正的和稀泥，而是一种交流的状态。

很多人都清楚，生活没有绝对的是非对错。大多数时候，人们之所以起争执，就是因为彼此无法做到真正的宽容体谅，也不可能深入了解和理解对方。在这种情况下，如果观点或者意见不同，便很容易发生争执。作为调节这种矛盾的第三方，在无法明辨是非的情况下，就开始采取和稀泥的方式。很多职场人士都会敏感地发现，甚至因此而心生不满，因为他们觉得自己的上司并无特殊的才能，只是会在员工之间产生争执时和稀泥。实际上，和稀泥正是作为协调的第三方的极好方式。就像小时候玩泥巴一样，要想塑形，就多加一些泥巴，要想更稀薄，就多加点儿水。这种小时候的玩耍经验，非常形象地表现出协调者解决问题的方式。当然，生活和工作中并非只是需要和稀泥，偶尔，对就是对，错就是错，是非常鲜明的。只有在对错没有明确界限或者事情本身无关紧要时，人们才会采取和稀泥的方式进行交流。很多情况下，和稀泥远远比探究对错更有利于解决问题。

作为公司的销售门店之一，阿雷带领的这家门店业绩一直遥遥领先。其实，仔细观察的话，你会发现阿雷并没有什么独特之处。他刚刚大学毕业，甚至有时候自己都很贪玩，更别说以拼搏进取的精神带动其他同事了。

然而，正是这样一位年轻的领导，带领全店二十几名员工，做出了骄人的业绩。这是为什么呢？其实原因很简单，即阿雷很会和稀泥。

虽然自己都不能完全克制自己爱玩的心，但是阿雷的情商却很高。全店二十多名员工，有很多一部分员工比他年纪更大，也有少部分员工比他小。这就注定了年纪大的员工虽然踏实肯干，却未必服气他的管理，而年纪小的员工呢，玩心则更重。正是在这样的情况下，阿雷带领大家做出了很好的业绩。在一次接受公司总部派来的记者采访的过程中，阿雷说出了真相。他说："其实，我很普通，对于管理，我常常和稀泥。"

阿雷告诉记者，员工就像孩子，有的时候也很任性。但是，他们之间只有些许的利益冲突，并没有绝对的深仇大恨，因此在员工之间发生矛盾冲突时，他最经常做的就是和稀泥。诸如上个星期，门店最年长的李姐的一个客户来门店拜访，因为没有提前联系李姐，就被店里信赖的一个男同事半道截走了。在得知自己的客户被挖墙脚之后，李姐马上火冒三丈地找到阿雷投诉。阿雷马上安抚李姐，并且说会在了解情况之后，给出合理的解决。傍晚时分，阿雷显然已经了解了真相，他知道那个男同事的确有些违规。不过，阿雷并没有马上处罚这个男同事，而是把李姐也叫到一起，围坐在桌旁来解决这件事情。当着李姐的面，那个男同事当然不肯承认自己的错误，只说是一场误会，并且表示愿意把客户还给李姐。这时，阿雷进行总结性发言，说："我相信，某某（那位男同事的名字）应该不是故意这么做的，我也相信，李姐能够宽容他，毕竟他刚来到公司，可能有很多规矩不知道。我觉得，他以后再遇到类似情况时，一定不会再犯这样的错误。至于客户最终的归属，我们愿意尊重李姐的意见。"在阿雷这一番和稀泥之后，李姐当然也不好得理不饶人，再加上那位客户原本就不是优质客户，因此李姐放弃了客户，只是从此对这个男同事心存芥蒂。

如果阿雷马上辞退这位男同事，对于他的门店来说一定是一种损失。其实，很多时候销售行业就是要求营造你争我抢的氛围，这样才能让销售员彼此之间形成激烈的竞争。虽然如此一来工作的氛围比较紧张，但是对于全店

业绩的提高却大有好处。就像曾经有渔民捕获一种鱼之后，往集市上送，但是往往到达集市时，鱼已经因为缺氧死了大半。后来，渔民意外地发现，如果往这些鱼中加入几条它们的天敌，它们就会始终处于紧张和戒备的状态，导致生命力大大增强。阿雷留住这个男同事，也许正是处于这个目的。但是，他同样不想失去店里的金牌销售李姐，因而只能想方设法地平息李姐的怒火，让李姐获得心理平衡。这就是阿雷和稀泥的技巧和方法。

生活远远没有我们想象的那么纯粹和简单。当遇到不如意的事情时，或者遇到清官难断的复杂事情时，与其绞尽脑汁地探求对错，不如使用和稀泥的方法，也许反而能够收到更好的效果。归根结底，共赢才是最终的目的，而并非两败俱伤。尤其是现代职场，更加讲求团结协作，任何人都不能搞单兵作战。在这样的背景下，融洽和谐、共同发展才是终极目标。

做人要低调，不要得意忘形

综观古人对于人生状态的描述，既有“春风得意马蹄疾”的意气风发，也有“宠辱不惊，闲看庭前花开花落；去留无意，漫随天外云卷云舒”的淡定洒脱。的确，每个人的人生状态都会经历不同的时期，就像人们常说的三十年河东，三十年河西。生命的变化是如此无常，谁也不知道自己将会以怎样的状态度过漫长的一生，更不知道自己的生命长河将会在哪里戛然而止。在无常的生死面前，一切的名利权势、金钱富贵，都如过眼云烟。想到这里，又何必得意一时呢。在得意之时，我们不应该得意忘形，而更应该低调谦逊。生活中，总有些人特别张狂，一旦自己咸鱼翻身，马上就会瞧不起曾经帮助或者接济他的人，更会在那些失意的人面前口出狂言。这样的人，无疑是浅薄之辈。

民间有句俗语说，天不言自高，地不言自厚，以万物为参照，可洞观一

己之不足。这句话的意思是说，天地从来不说自己有多高多厚重，但是人们都了解天高地远。假如，以天地间的万事万物为参照，那么一个人即使学识渊博，也依然能看到自己的不足之处。在佛家思想中，也有一句引人深思的话——“高高山顶立，深深海底行。”这无疑是对低调之人最生动的描述。真正低调的人，是深藏不露的人，是潜心修为的人。看看人世间的众生百态，我们会发现只有那些超凡脱俗的人，才能获得真正的成功。他们宠辱不惊，既不因为一时的失意而失魂落魄，也不因为一时的得意而张狂。他们总是那样，看似平淡，实则内心深处风起云涌。和低调的人相比，有些人总是大声喊叫，做一点点的好事就恨不得让全世界都知道。这样的人急功近利，做事情往往有目的，不可能做到真正的低调。相反，他们大多数情况下都是虚伪的，做事情只是为了面子工程。只要假以时日，人们总会知道谁是真正的低调，谁是刻意的张扬!

李娜和马波是楼上楼下的邻居，他们的父母是几十年的同事，如今，李娜和马波又成为同班同学。无形之中，他们成了妈妈们相互攀比的资本。昨天，李娜妈妈刚刚在马波妈妈面前夸赞李娜懂事，今天，马波妈妈就在李娜妈妈面前显摆马波考试考了一百分。如今，眼看着高考在即，两个妈妈心里各自都憋了一股劲，都想在对方面前扬眉吐气。

经历了黑色的六月，李娜顺利接到了上海交通大学的录取通知书。然而，马波却名落孙山。看到马波妈妈垂头丧气的样子，李娜妈妈表面上安慰马波妈妈，实则非常张狂。这不，她们偶尔买菜的时候遇到了，李娜妈妈在装模作样地表示了对马波的关心后，炫耀地说：“哎呀，我这几天特别忙。马上就要开学了，我得给娜娜准备上大学的行头。你说，我是给她买个红色的行李箱好，还是买个黄色的行李箱好呢？”原本就心情郁闷的马波妈妈没好气地说：“怎么，这种问题你也问我。你闺女那么才高八斗，难道还不知道自己喜欢什么颜色吗？！”“哎呦，你这个人怎么说话呢，还会不会聊天啊！你这种人啊，根本就不配人家搭理你。我好心好意地想开导你，你不领情不说，还对我冷嘲热讽。”说着，李娜妈妈生气地走了。从此之后，马波

妈妈和李娜妈妈就成了冤家，谁也不理谁，连原本勉强维持的表面和谐也做不到了。

在这个事例中，李娜妈妈的做法明显欠妥。虽然李娜考上了大学，让她在马波妈妈面前扬眉吐气，但毕竟是这么多年的老同事、老邻居，在这种时候往马波妈妈的伤口上撒盐，的确有些不够厚道。也因此，马波妈妈愤怒地和她反目成仇。原本楼上楼下住着，低头不见抬头见，现在成了怒目而视的仇人，可想而知等到孩子们都上大学走了，她们再见面该有多么尴尬。

人，永远都不要因为一时的得意而张狂，更不要因此而瞧不起别人。只有怀着一颗淡定平和的心，我们才能坦然地面对人生，也才能更好地与人相处。从现在开始，保持不卑不亢的生活态度吧，虽然这很难，但是只要意识到其必要性，我们就总会有点点滴滴的进步。

有理让三分，才能彰显君子风度

何为君子？自古以来，男性都以自己被形容为君子而自豪，但是，有多少人真正了解君子的含义呢？后来，随着西方思潮的涌入，男性朋友们与时俱进，开始向着绅士努力，希望自己成为真正的贵族和绅士。然而，有名人说了，三代才能成就一个贵族。这无疑告诉我们，贵族并非是想当就能当的。总而言之，君子也好，绅士也罢，甚至只是精神上的贵族，都需要我们潜心下来，提升自己的综合素养，提高自己的气度涵养。古人云，宰相肚里能撑船，但是即便是宰相，也未必能被尊为君子。由此可见，气度只是成为君子的必备条件，除此之外，君子还应该谦和有礼，宽容博爱。

生活中，很多人以君子自居，一旦遇到事情时，马上就会表现出本来面目。尤其是有些男人，心胸甚至不如女人开阔，而是小肚鸡肠，斤斤计较。这样的男人，无论如何也无法成为君子。君子所为，表现在很多方面。有一

种情况，一定能被称为君子，那就是得理让人，以德报怨。和那些得理不饶人的男士相比，有些男士虽然占理，但是却不会一味地讲理，与他人辩驳。要知道，所谓的道理无非是人们衡量很多事情的天平。然而，每个天平的准星未必都是一致的。因此，我们既要学会欣赏他人，也要学会接纳他人的不同意见和看法。真正的君子，得理也会让三分。甚至在遭到伤害时，他们也能做到一笑置之，不计前嫌。这才是真君子。这种君子的气度和胸怀，必然使君子得到更多的尊重和敬爱，也使君子成为人群中最耀眼的明珠。怎么样，你觉得自己具备成为君子的品质吗？

马玉是个特别老实的人，也很善良。在和美丽的妻子结婚之后，马玉一直心甘情愿、无微不至地照顾妻子。然而，妻子却总是嫌弃他没本事，挣不到很多钱，因而整日对他颐指气使，横挑鼻子竖挑眼。结婚四年多时，妻子怀孕了。马玉高兴极了，每天都鞍前马后地伺候妻子，给他做各种好吃的。然而，在妻子生产之后，马玉却意外得知这个孩子不是他的，而是妻子和初恋情人婚外情的产物。得知这个消息，马玉简直如同遭受晴天霹雳，整个人都失魂落魄。一气之下，他打了妻子一个耳光。妻子抱起孩子，跑进了茫茫的黑夜中。

冷静下来之后，马玉很担心妻子和孩子，因而出门寻找。然而，一个噩耗传来，妻子在奔跑中被车辆撞倒，离开了人世。孩子虽然也受到伤害，但是经过抢救顽强地活了下来。马玉懊悔不已，他一个人默默地开始抚养这个孩子，作为对妻子的赎罪。他没有再娶，因为他怕孩子受罪。就这样，直到孩子顺利考上大学，马玉才把事情的真相告诉孩子。孩子感激涕零地说："爸爸，你永远都是我爸爸。妈妈的死不怪你，你是真正的君子。"

在面对妻子与初恋情人发生婚外情所生的孩子时，马玉最初感到愤恨，甚至一气之下打了妻子一个耳光。意外总是不期而至，妻子被车辆撞到失去了生命。至此，马玉不再恨妻子，而是对这个无辜的孩子充满怜爱。为了这个孩子，他终身未娶，把自己一生的心血都倾注到孩子的身上。如果他的妻子在天有灵，也一定会感谢马玉。不可否认，马玉是君子所为。他以德报怨，不但没有丢弃孩子，反而尽心竭力地抚养孩子，远非普通人能够做到的。

生活总是喜欢与我们开玩笑，在一个又一个波折面前，我们是选择随波逐流，还是选择坚定自己的内心，坚守自己的灵魂。真正的君子，不会以牙还牙，而是坚持自己的原则做事，对得起自己的良心。尤其是在大是大非面前，君子一定会坚持。然而，生活中哪有那么多的大是大非呢？在大多数人都变得越来越冷漠时，唯有君子，保持着一颗温暖的心来对待他人，接纳一切。

激起对方自信心，让他扬帆起航

我们面对诸多不如意，往往会抱怨，这些怨言，就像是一根根刺，在刺伤别人的同时，也扎进了我们的心里。尽管大多数人都曾经唱过《感恩的心》，也曾经因为这首打动人心的歌曲潸然泪下，然而，究竟有多少人能够真正做到满怀感激之情地活着呢？现实情况是，人们越来越愤懑，不管事情如何发展，似乎总是无法让他们感到满意。正是在这样的心态下，人们远离幸福，驶向毁灭。

当一个人与我们关系密切时，他的好与坏似乎也与我们的命运息息相关。例如，父母总是奢求孩子每次考试都考第一名，还能德智体美劳全面发展；妻子总是要求丈夫不但官大，而且钱多，还要帅气，还要照顾家庭……这一切十全十美的希望，都只能停留在梦想的阶段。现实是残酷的。孩子，尽管在妈妈心里完美无瑕，但是一旦步入学校，走进社会，你就会遗憾地发现原来孩子并不如我们想象中的那么优秀。丈夫，在热恋阶段简直是你心目中完美男人的化身，然而一旦步入实实在在的婚姻，你简直不敢相信自己亲自选中的人生伴侣居然有这么多让你难以忍受的缺点。这就是现实。它不是

镜中花水中月，它要求你在欣赏它的同时，也必须无条件地接受它。面对这个不完美的现实，你如何选择呢？很多夫妻离婚之后，重新寻找合适的人生伴侣，但他们之中的大多数都遗憾地发现，即使再怎么费尽心力地寻找，他们找到的依然是无法让他们满意的人。实际上，当你产生了这样的感触，就意味着并非对方不够完美，只是你的标准太高，甚至脱离了实际。人非圣贤，孰能无过。夫妻相伴的过程，实际上是相互提携和促进成长的过程。有些女人总是羡慕别人的老公多么优秀，却不知道这个老公在最初步入婚姻时也有很多的缺点。恰恰是数年婚姻生活的磨砺，就像河蚌孕育珍珠，是靠血肉的打磨才成就了他的完美。现代社会，有很多年轻女孩想走捷径，看不上同年龄的男孩，只想着找个功成名就、成熟儒雅的中年男士成家。殊不知，这是在偷窃其结发妻子十几年的辛苦劳作的成果。

女性朋友们，当你们羡慕其他女人有个好老公时，与其抱怨自己的爱人，不如反思自己，为何没有成就完美的老公。任何事情，我们必须从自身出发，才能找到真正解决问题的办法。当然，这样的遗憾并不仅仅存在于夫妻之间。在职场上，同样有上司对下级不满意的。尤其是新进员工，特别是应届毕业的大学生，工作起来总是有那么多的瑕疵。那么，要想拥有完美的伙伴，不管是夫妻，还是上下级，都应该付出足够的耐心，给予其最真诚的激励。要相信，激励能够使其扬起自信的风帆，远远比抱怨和打击效果更好。

自从结婚以后，彤彤就无论如何都对张敏看不顺眼。她很恨自己，在曾经的热恋时期，她怎么就对张敏那么满意呢！难怪人们都说婚姻是爱情的坟墓，刚刚进入婚姻，她对张敏的爱就不复存在了，这都是柴米油盐酱醋茶惹的祸啊！

事情要从张敏的事业说起。原本，张敏这次很有可能晋升副处长，也能分得一套大房子。然而，当彤彤提醒张敏去给领导送礼时，张敏总是推三阻四不愿意去。结果，晋升的名单公布了，与张敏半毛钱关系没有，大房子自然也打了水漂。自此之后，彤彤就左看张敏不顺眼，右看张敏不顺眼。原来，张敏是个书呆子，不太懂得这些人情世故。后来，彤彤整日打击张敏，

说他不是个男人，连家都撑不起来。不到一年，他们就离婚了。

让彤彤意外的是，离婚之后，张敏和一位来自农村的女孩结婚了。这个女孩条件很差，不但人长得没有彤彤漂亮，学历也没有彤彤高。然而，张敏在和这个女孩结婚后，事业居然风生水起。此时，依然单身的彤彤百思不得其解，心里郁郁寡欢。一个偶然的机会，彤彤遇到了张敏现在的妻子。说起张敏，彤彤依然抱怨连天，不想，张敏的现任妻子惊讶地说："张敏并不是你说的这个样子啊，他很优秀。你知道吗？你总是打压张敏，使他一点儿自信都没有了。虽然我只是个普通的农村女孩，但是我知道应该激励自己的丈夫。如果连作为妻子的都不信任他，他怎么可能有自信呢！你要是遇到现在的张敏，你就会知道他有多么优秀了！"听了女孩的话，彤彤突然间意识到自己为何失败了。原来，一个优秀的男人，身后一定有一个无条件信任和支持他的妻子。男人的强，恰恰是和妻子的弱形成鲜明对比的。

彤彤一定很后悔，如果她能够早点儿激励和信任张敏，让他充满信心地扬帆起航，那么现在的张敏，一定能够给予他最幸福的生活。遗憾的是，她眼中的瓦砾，在那个农村女孩的爱和信任下，成为了一颗璀璨的珍珠。看着意气风发的张敏，彤彤暗自反思。唯有如此，她才可能在下一个人生阶段，拥有幸福的婚姻生活。

曾经有位名人说，如果你想让一个人变成什么样子，你就按照你期望的样子表扬他。日久天长，他一定会变成你所期望的样子。这句话得到了无数次印证，其道理就是，你的表扬让那个人扬起了信心的风帆，因而能够鼓起勇气，勇往直前。

第14章　说话悦耳中听：与众不同的赞美，让你事半功倍

没有人会拒绝他人的赞美，尤其当这份赞美是那么用心和与众不同时。你一定会被这份赞美感动，变得宽容平和，变得不那么斤斤计较，因为你要努力使自己与这份赞美相得益彰。赞美，总是充满神奇的魔力，能够让一个人转眼之间就彻底改变。既然赞美如此神奇，我们何不在劝说他人时巧用赞美呢，这样一定能够使说服事半功倍。

赞美，是最慷慨的给予

即使你再吝啬，也不要吝啬给予他人赞美。赞美是花费成本最低，同时也是对他人而言最慷慨的给予。假如你能够学会赞美他人，并且经常给予他人赞美，那么时间长了，你会发现你的收获超出你的想象。既然只是一份善良和美好，并不需要你额外付出什么，为什么还要吝啬呢？在社交场合，在所有人中都备受欢迎的人，你会发现他一定是慷慨赞美他人的人。

生活中，我们赞美他人的机会很多。例如，在看到一个活泼可爱的孩子时，我们理应赞美，因为他是天使降临凡间，带给人们爱和美好；在接受别人的帮助时，除了表示感谢，我们也应该赞美他的慷慨和大方，热情和善良；即使过路的时候看到一株盛开的花朵，我们也可以给予主人一句“花养得真好，太漂亮了”……我们必须知道，也许我们一句不经意间的赞美，就会给他人带来一天的好心情，甚至使其充满信心。善意而又真诚的赞美，就像是温暖炽热的阳光，能够直接照射到人们的心底，让人们心中的阴霾一扫而光，让人们发自内心地感受到人世间的美好和爱。

甜甜所在的公司有两个苗苗，一个苗苗身强体壮，年纪也大，皮肤略黑，被称为大苗苗。还有一个苗苗身材比较娇小，年纪小一些，皮肤白皙，被称为小苗苗。甜甜刚刚进公司，对这两个苗苗印象深刻。毕竟，一家公司里同名的人还是很少的。不过，经过一段时间的观察，甜甜发现一个奇怪的

现象，即大家都很喜欢小苗苗，而不太喜欢大苗苗。其实，不管是小苗苗还是大苗苗，工作职位都一样，工作能力也相差不多，为什么会让大家特别喜欢其中一个呢！为了弄清楚真相，甜甜进行了认真地观察。

没过多久，细心的甜甜就发现了真相。一天，几个女同事在休息室喝咖啡，无意间说起今天上午来到公司视察的孟总。这时，小苗苗兴奋地说："孟总的气质特别好，你们看，人家不但人长得漂亮，能力强，还特别会穿衣打扮。我觉得，她今天穿的连衣裙就特别衬托她的身材和气质。哎呀，我一定要非常努力，争取也成为孟总那样的人。"听了小苗苗的话，大家都笑了起来，纷纷鼓励她："你呀，这么年轻，这么努力，假以时日，一定不会差的！"这时，大苗苗突然不屑地说："我觉得呢，孟总长得也就一般。她不过是遇到了好时机，进公司比较早而已。"大苗苗话音刚落，在场的同事突然都默不作声，过了很久，才有个同事嘲讽地说："你既然谁都看不上眼，就把自己表现出来给我们看看啊！还瞧不上孟总，你这辈子能活出孟总的样儿来，也就算奇迹啦！"说完，同事们都一哄而散，只留下大苗苗一个人坐在休息室。经过这件事情之后，再加上平日里的观察，甜甜发现小苗苗特别善于赞美他人，而且她的赞美是发自内心的。相比之下，大苗苗则总是挑别人的毛病，不管多么优秀的人，在她眼里也不值一提。想想她总是这么在背后议论他人，吝啬自己的赞美，同事们自然也就开始疏远她了。

大苗苗和小苗苗的区别，就在于大苗苗向来吝啬赞美，眼睛里总是看到别人的缺点和不足。小苗苗呢，总是看到别人的优点和长处，不管别人是否在场，她都发自内心地赞美他人。日久天长，那些被她赞美的人，一定会对她心生好感，也乐于和她交往。这就是赞美他人的魔力，你也想和小苗苗一样成为受欢迎的人吗？那就从现在开始，努力发现他人的优点，真诚地赞美他人吧！只要你坚持这么做，相信一定会有意外的惊喜。

与很多其他的给予相比，赞美只需要我们拥有一双善于发现美的眼睛，并且有不吝啬赞美的嘴巴。因此，赞美是最容易做到的给予，也是最廉价的给予。但是，恰到好处的赞美，远远比你给予他人更多实质性的帮助效果更

好。从现在开始，努力成为一个慷慨赞美他人的人吧！只要坚持下去，你一定会成为备受欢迎和瞩目的人气王！

恰到好处的赞美，助你事半功倍

常言道，良言一句三冬暖，恶语伤人六月寒。作为人与人之间沟通的媒介，语言在人际交往中起着巨大的作用。有的时候，我们一句无心的话就会伤害他人脆弱的心灵；也有的时候，我们一句无心的赞美，就会让他人扬起自信的风帆，勇敢地面对生活。总而言之，赞美不但是人际交往的法宝，也是一种非常伟大的语言艺术。当然，赞美虽然拥有神奇的魔力，但是既不能泛滥，也不能虚伪。真正的赞美，和低俗的曲意逢迎不同。赞美，是发自内心的赏识，是真诚友善的表达，是没有任何功利目的的真情流露。曲意逢迎则不同，它往往带着目的性，赞美的人也并非出于真心。正因为如此，曲意逢迎总是不能够真正发现他人的美和优点，而只是随便找个借口阿谀奉承而已。赞美呢，一定是有明确的针对性。当一个人发自内心地赞美他人或者事物，必定发现了其值得赞美的地方。这样善于发现美的眼睛，必将让我们拥有更多的朋友，也受到更多人的欢迎。

不管是在生活中，还是在职场上，赞美应该始终伴随着我们。正如一位名人所说的，生活中并不缺少美，只是缺少发现美的眼睛。当我们拥有一双善于发现美的眼睛，对他人对事物都能怀着一颗欣赏的心，我们就会发现生活中有很多值得我们赞美的地方。很多人都为人际关系而苦恼，殊不知，赞美是人际关系的法宝。前文我们就曾说过，没有人会拒绝赞美，尤其是恰到好处的赞美。由此可见，当你慷慨地赞美他人，并且找到他人真正独特和突出之处，给予其恰如其分的赞美，你一定会拥有好人缘。尤其是在职场人，同事之间的关系非常微妙。倘若我们能够真心地赞美同事，那么即使是难以

相处的同事，也会给予我们最基本的尊重和礼貌。很多情况下，恰到好处地赞美还能帮助我们实现心愿，事半功倍呢！

自从年会之后，小米的事业可谓节节高升。这是为什么呢？小米对此心知肚明。

每年一度的年会，是小米这样的基层员工能够与中高层领导平等、轻松相处的唯一机会。因为公司的年会是以酒会的形式开展的，所有同事在这一天并没有职位的高低之分，可以端着酒杯四处随意畅谈。不过，即便如此，日常工作中形成的小圈子依然存在。当大多数普通员工依然乖乖地与同级别的同事聊天时，小米早就策划着要和公司唯一的美女高管套套近乎。不过，美女高管一直被众人簇拥，小米很难有机会。她一直在等待，直到看到美女高管去了洗手间补妆。这时，小米赶紧去制造偶然邂逅的机会。

“您好啊，那总。您今晚真漂亮，就像是一颗璀璨的明珠。”小米和那总并排站在镜子前，不由得夸赞那总。不想，那总似乎已经习惯了这样的阿谀奉承，只是对小米轻轻地点了点头，就不再看小米了。小米有些尴尬，这时，她突然看到那总脖子上戴着的项链，因而说道：“那总，您这条项链真别致。看起来古色古香的，非常拙朴。我想，它一定是有故事的。”听到小米的话，那总不由得抬起头来，认真地看着小米。那总笑着说：“你可真有眼光。这条项链并不名贵，是我从巴黎的一家二手店淘来的。当时，我和你的感觉一样，古色古香，非常拙朴，因此一眼就爱上它了。直到现在，它依然是我最喜欢的项链。”小米真诚地说：“那总，您真是太有眼光了，这比名贵的珠宝更难得。”那总问：“对了，你叫什么名字，是哪个部门的？”小米进行了简单的自我介绍之后，说：“那总，我可以加您的微信吗？我想，我要学习您高雅的品位。”那总很高兴地和小米互相加了微信，后来，小米时不时地关注那总的朋友圈，她们居然成了朋友。聪明人不用想也知道，小米为何步步高升了。

对于一个美女高管而言，她几乎被恭维包围了。因此，在听到小米的第一句赞美时，她丝毫不在意。幸好，小米马上发现了那总别致的项链，因

而有针对性地赞美那总眼光独到，品位高雅，这样才能让那总抬起头来关注她。这句恰到好处的赞美，让那总觉得小米与自己性情相投，因而对小米顿生好感。就这样，小米在收获友谊的同时，也收获了事业的飞速进展。

赞美，一定不要空泛。尤其是对于那些经常接受赞美的人而言，庸俗的赞美根本不能使他们心生感动。只有用心地发现他人的独特之处，然后再给予真诚的赞美，他人才能感觉到你的用心，自然也会对你青睐有加。

背后的赞美更加打动人心

对于赞美，美国著名的心理学家威廉·詹姆斯说，“人最基本的天性就是渴望得到赏识。”这也就决定了每个人都不会拒绝他人的赞美，每个人都希望得到他人的赞美。然而，赞美他人虽然很容易，但是并不简单。这是因为，根据每个人脾气秉性的不同，再加上具体的情况不同，我们采取的赞美方式也要有所区别。很多时候，赞美一不小心就会与阿谀奉承相混淆，给人以庸俗的感觉。恰到好处的赞美，不但要选择最合适的时机，以最恰当的方式，还要情真意切，让人感受到你的真心和用心。

很多朋友会说自己不好意思赞美别人，因为当面赤裸裸的赞美，如果对方是朋友还好，如果对方是上司或者是同事，则未免有些曲意奉迎的味道。其实，真诚的赞美并不会庸俗。相比起当面直接进行赞美，还有一种赞美的方式通常不会被误解，这就是背后的赞美。一般情况下，如果人们阿谀奉承，一定是当面溜须拍马，不切实际地赞美。相反，如果人们在背后赞美他人，则往往是真情实意的表达。毕竟，在背后赞美他人一般是不带功利目的的，因而更加真实，也更加符合实际。由此一来，当我们辗转听到某个人在背后对我们的赞美时，我们一定会比当面听到他的赞美更高兴。我们会把这份赞美珍藏在心里，自此对这个人感到加倍的温暖和感谢。

在《红楼梦》中，贾宝玉和林黛玉简直是一对冤家。他们彼此爱慕，心意相同，但是黛玉寄人篱下的处境，又使她生性多疑。因此，她与宝玉之间时常产生误解。不过，有一件事情却是黛玉非常高兴的。一日，薛宝钗和史湘云一起劝说宝玉，考取功名，入朝为官。宝玉非常反感，便故意当着袭人和史湘云的面，夸赞林黛玉："林妹妹从来不会说这些混账话。她要是也这么说，我早就不和她亲近了。"恰巧此时，林黛玉走到窗外，听到了贾宝玉对自己的赞美，不由得又惊又喜，联想到自己的身世，未免又有些悲伤和哀叹。

有家公司正在进行新人培训，因此特意聘请了一位讲师授课。杜浩虽然是老员工，但是也借着工作的闲暇和新人一起听课，从而巩固专业知识。一天，听课结束后，杜浩回到办公室感慨地说："真是听君一席话，胜读十年书啊。你们知道吗？你们没去听课简直太可惜了。公司刚刚聘请来的这位张老师，学识渊博，讲课深入浅出，简直能够点石成金啊！"同事们纷纷后悔，没有和杜浩一起挤出时间去上课。杜浩接着说："我觉得张老师天生注定就要当老师，不然就可惜了他这满腹才华，还有独特的授课方法。这样的老师，要是不能桃李满天下，那就是对人才的极大浪费。"杜浩和办公室的同事们分享没多久，张老师就来到了办公室，想看看新人们有没有疑问。他一眼看到杜浩，便问杜浩："杜浩，你和新人相比原本就是专家，不如评价一下我的课吧！"杜浩没想到张老师会这么直截了当地问，有些愣住了，一时之间不知道该如何表达。这时，一旁的同事说："哈哈，张老师，我们可是对您久闻大名了。您不知道，杜浩刚刚上课回来，对您赞不绝口，说您天生就是老师，应该桃李满天下呢！"听到同事的话，张老师高兴极了，他对杜浩说："杜浩，你作为老员工也那么认真地去听课，这就是对我最大的认可啊！"从此之后，杜浩和张老师成为了非常要好的朋友，他们经常就一些专业问题展开深入的探讨。在张老师毫无保留的指点下，杜浩在工作上的进步更是一日千里。

在林黛玉心里，她原本就是寄人篱下的可怜人，因此不管别人当着她的面说什么，她都疑心那只是客套。在听到贾宝玉背后当着袭人和史湘云的面夸赞她时，她才确定这是真正的赞美，是贾宝玉的真心话，因而不由得更加喜爱贾宝玉，与其惺惺相惜。在第二个事例中，杜浩为人非常诚实，他觉得张老师的课讲得好，就在同事们面前大肆推广。然而，当张老师当面问他有何评价时，他反而不好意思那么直白地赞美张老师了。当其他同事向张老师复述杜浩的赞美时，张老师一定心花怒放，因为张老师很清楚只有背后的赞美，才是真正的赞美。正因为如此，张老师对杜浩立生好感，后来还与杜浩成为了好朋友。

每个人都是社会的成员，也是社会的主体。要想在社会上立足，搞好人际关系就是必须的。其实，人际关系非常简单，不过却很琐碎。很多时候，那些微不足道的小细节就会影响我们的人际关系。如果你想拥有好人缘，就要为自己积累人气。很多职场人士聚集在一起喜欢说长道短，评价他人。其实，这些话无论是否出于恶意，一旦传到他人耳中，就会无形中树敌。倘若我们把这些时间和精力用于赞美他人，尤其是真诚地赞美那些不在讨论现场的人，则你一定会为自己积累更高的人气，赢得更多的朋友。

要真诚赞美，不要曲意奉迎

虽然赞美从不会被拒绝，也不会招致他人的反感，但是我们依然要把握赞美的度。世间事，凡事都有度，过犹不及，赞美也是如此。真诚的赞美，一定是发自内心的，没有任何功利的目的。和真诚的赞美相比，曲意奉迎则显得非常虚伪，甚至有些人在奉承时睁着眼睛说瞎话，让被其赞美的人都无地自容。这样的赞美，非但不能帮助我们拥有好人缘，反而会被他人识破，导致他人低看我们。

前文曾经说过，赞美是对他人最廉价也最慷慨的给予。然而，赞美却不

能泛滥。对于他人切实存在的优点和长处，我们自然可以慷慨赞美。但是，对于并不符合他人实际的赞美，只会让人觉得虚假。尤其是当把这种不符合实际的赞美用到领导或者上级身上时，则更显得目的性强，别有用心。总而言之，不管你赞美的对象是谁，我们都要尊重事实，千万不要无所顾忌，虚伪、盲目赞美他人。

在公司的聚会上，大家看到了从不露面的董事长夫人。很多员工都是第一次看到董事长夫人，不由得大为惊讶。原本，大家以为事业有成的董事长，一定拥有富贵高雅的妻子。不想，董事长夫人简直太普通了。她甚至没有一个普通的女子漂亮，身材又矮又胖，脸上还有很多雀斑。她也并没有如大家预期的那样穿着华贵的礼服出场，身上只有几件简单的首饰。面对这样的董事长夫人，原本满怀期待的员工们都有些失望。不过，大家都不想错过这个好机会与她套近乎，毕竟，她能当董事长一半的家呢！

宴会开始了，董事长夫人显然就是今日全场的明星。很多女同事都围聚在她身边，想尽办法赞美她。有个年纪比较大的女同事，视若无睹地赞美董事长夫人："夫人，您的气质真好，怎么看也不像是五十多岁的人呢！"董事长夫人笑笑，没有说话。还有位女同事说："夫人，您是如何保持身材的呢，您看看，您连一点儿赘肉都没有，气质还这么高贵。"董事长夫人听到这句话，表现出乏味的神情。丝丝一直不做声地待在外围，等到大家都渐渐散去，丝丝才走到董事长夫人面前，礼貌地说："夫人，您好。我是今年的新员工，叫丝丝。"董事长夫人礼貌地点点头。丝丝说："夫人，我很喜欢您的这条裙子。这条裙子虽然不是华贵的礼服，但是它是天然亚麻的。这种面料穿着很舒适，很养人，也很与您淳朴的气质非常相配。"听到丝丝的话，董事长夫人不由得眼前一亮。她笑着说："你这么年轻，也喜欢这种粗布衣服吗？我还以为年轻人只喜欢时尚的款式和高档的面料呢！"丝丝笑了，说："不穿职业装时，我几乎所有的衣服都是粗布的。这种面料透气，给穿着的人带来极大的舒适度。不像礼服，虽然穿着好看，但是一点儿都不舒服，身体很拘束。这件衣服和您的气质很相配，让我感觉您就是一个崇尚本真自然的人。”董事长夫人在接下来的时间里，一直在和丝丝聊天。她们从服装聊到工作，又从家庭聊到人生，这个纯真质朴的女孩，深深地吸引了董事长夫人。在这个年轻人越来越浮华的年代，董事长夫人仿佛找到了稀世珍宝一般，视丝丝为一见如故的知己。

如果能进入董事长夫人的法眼，自然也就离得到董事长的提拔不远了。在大多数女同事都围绕着董事长夫人溜须拍马时，丝丝一直淡定地等待着。她接近董事长夫人的目的很简单，无非就是觉得那件亚麻衣服非常漂亮，自己也很喜欢而已。恰恰是这样恰到好处的赞美，这种真情流露的赞美，打动了董事长夫人的心。一个历经沧桑的中年人，拥有自己的产业帝国，当然不会被那些女员工们别有用心的赞美蒙蔽眼睛，况且她并没有曼妙的身材、不老的容颜和高雅的气质。她有的是如同纯天然的亚麻和粗布一般的纯真自然，淡定拙朴。丝丝，一句恰到好处的赞美就击垮了所有人的曲意奉迎。

毫无疑问，每个人都喜欢听赞美的话。然而，赞美必须切合实际。人，总是有自知之明的，当一个有自知之明、洞察世事的人听到他人不切实际的赞美时，内心一定觉得非常虚伪。对于他人的赞美，并非越多越好，也并非越夸张越好。只有尊重事实，适度赞美，赞美才是最受欢迎的。

赞美对方的兴趣，让其心花怒放

生活有的时候让人感到兴味盎然，也有的时候让人觉得索然无味。为了改善生活的乏味和无聊，每个人都有自己的兴趣爱好。这些兴趣爱好就像是生活的调味剂，在我们干腻了一件事情之后，帮助我们重新找回生活的乐趣。例如，有些白领朋友工作日整天闷在写字楼里，到了周末，就会和驴友结伴去爬山，或者和好友一起去游泳、打球。当然，有些人比较好静，他们也许会选择和好友去茶馆坐坐，或者一个人去咖啡厅看书。这些，都是人们

不同的兴趣爱好。所谓兴趣爱好，顾名思义，就是一个人喜欢做的事情，而且做这件事情能给他带来很多乐趣，让他从不觉得厌烦。其实，每个人都需要有个兴趣爱好，这样才能在觉得生活枯燥时，依然有喜欢的事情可干。

既然兴趣爱好对每个人都这么重要，甚至兴趣爱好是否相投都被列为寻找人生伴侣的参考条件之一，那么在说服他人的过程中，我们也可以利用兴趣爱好作为切入点，以此打开对方的心扉，走进对方的心里。这样一来，对方就不会那么心怀戒备，也更容易听取我们的观点，采纳我们的意见，从而使说服工作收到事半功倍的效果。曾经有位销售冠军说，他的销售秘诀就是说别人喜欢听的话。因为唯有如此，交谈的双方才会都有所收获。从某种意义上来说，这是投其所好的一种方式，是交谈的捷径之一，也是一种沟通的技巧。要知道，兴趣爱好并不受年龄、职位和权势的影响，和金钱、财富也没有太大的关系，纯粹是个人的喜爱而已。也许，一个几岁的孩子喜欢下象棋，甚至因此与一位八十多岁的老翁结缘，成为了莫逆之交。这就是兴趣相投的神奇魔力。当你在说服他人时，倘若能够做到从兴趣爱好着手，那么对方马上就会忘记你的身份、地位和社会角色，你们会共同沉浸在共同的兴趣之中。当双方产生共鸣之后，再说些无关紧要的事，对方当然会欣然接受。

凯瑞是一家公司的采购主管，主要负责为公司采购大宗商品。当得知凯瑞正在为公司采购电脑时，一位电脑推销员来到了凯瑞的办公室。当然，凯瑞已经拒绝了无数个推销员。面对这个推销员，他原本也是一副拒人于千里之外的样子。不想，这个推销员却像老朋友一样和凯瑞聊起了中国。原来，凯瑞是个中国通，尤其喜欢中国的风土人情和文化。这个推销员还带了中国的四大名著珍藏本送给凯瑞。整整两个小时的时间里，他和凯瑞从西藏聊到云南，从上海的红烧肉聊到四川的红油抄手，从北京的烤鸭聊到南京的盐水鸭。原来，他知道凯瑞不但是个中国通，而且是中国美食的狂热爱好者。在凯瑞说得兴致勃勃时，推销员惊讶地说："凯瑞先生，如果不是你长着一张西方人的面孔，我一定以为你是土生土长的中国人呢！要知道，你对中国简直太了解了。我想，你一定比很多中国人更了解，也更爱中国。"听

到这样的赞美，凯瑞简直高兴得合不拢嘴。最后，这个推销员说：“凯瑞先生，虽然我们此前不认识，但是我们现在已经成为了朋友。我要告诉您一个好消息，我的妻子是中国重庆人。我想，你一定想尝一尝她亲手制作的重庆火锅，你也会很乐意喝中国的青岛啤酒。怎么样，这个周末来我家吧！”说完，推销员留下家庭地址，就起身告辞了。

毫无疑问，凯瑞又吃到了日思夜想的中国重庆的火锅，还喝到了最美味的中国青岛的啤酒。在他们大快朵颐、酣畅淋漓地喝啤酒期间，凯瑞简直忘记了这是一个推销员的家。他们一直在说中国，尤其是这家的女主人，简直是个中国的百科全书。就这样，周一上午，凯瑞主动打电话给推销员，让他带着合同来签约。

通常情况下，人们都愿意与和自己有共同的兴趣爱好的人交往。这是因为，他们更容易在交往中找到相同的话题，也更容易引起共鸣。显而易见，这个推销员非常聪明。他知道凯瑞是个中国迷，也是个中国通，因而为凯瑞准备了一份大礼。此外，他还邀请凯瑞去他家里做客，尝尝他的中国媳妇做的重庆火锅。这样一来，凯瑞无形中就与其亲近了许多。虽然推销员从头到尾都没有提起推销电脑的事情，但是凯瑞却主动邀请他签约，不得不说这是一次非常成功的推销。

在生活中，我们时常想要接近一个人，或者说服一个人。如果你足够了解对方，知道对方的兴趣爱好，与其费尽口舌劝说，不如从他的兴趣爱好着手，首先俘虏他的心。这样一来，说服也就是水到渠成的事情了。

参考文献

[1]蔡康永.蔡康永的说话之道[M].长沙：湖南文艺出版社，2014.

[2]雅正，上官海丹，李敬.跟任何人都能聊得来[M].长春：北方妇女儿童出版社，2015.

[3]陈玮.别让不会说话害了你[M].北京：中国商业出版社，2012.